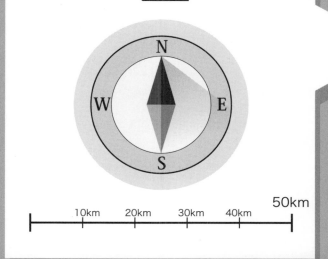

DRIVE MAP 2

令和版 北陸海釣りドライブマップ①
加賀〜能登〜富山湾

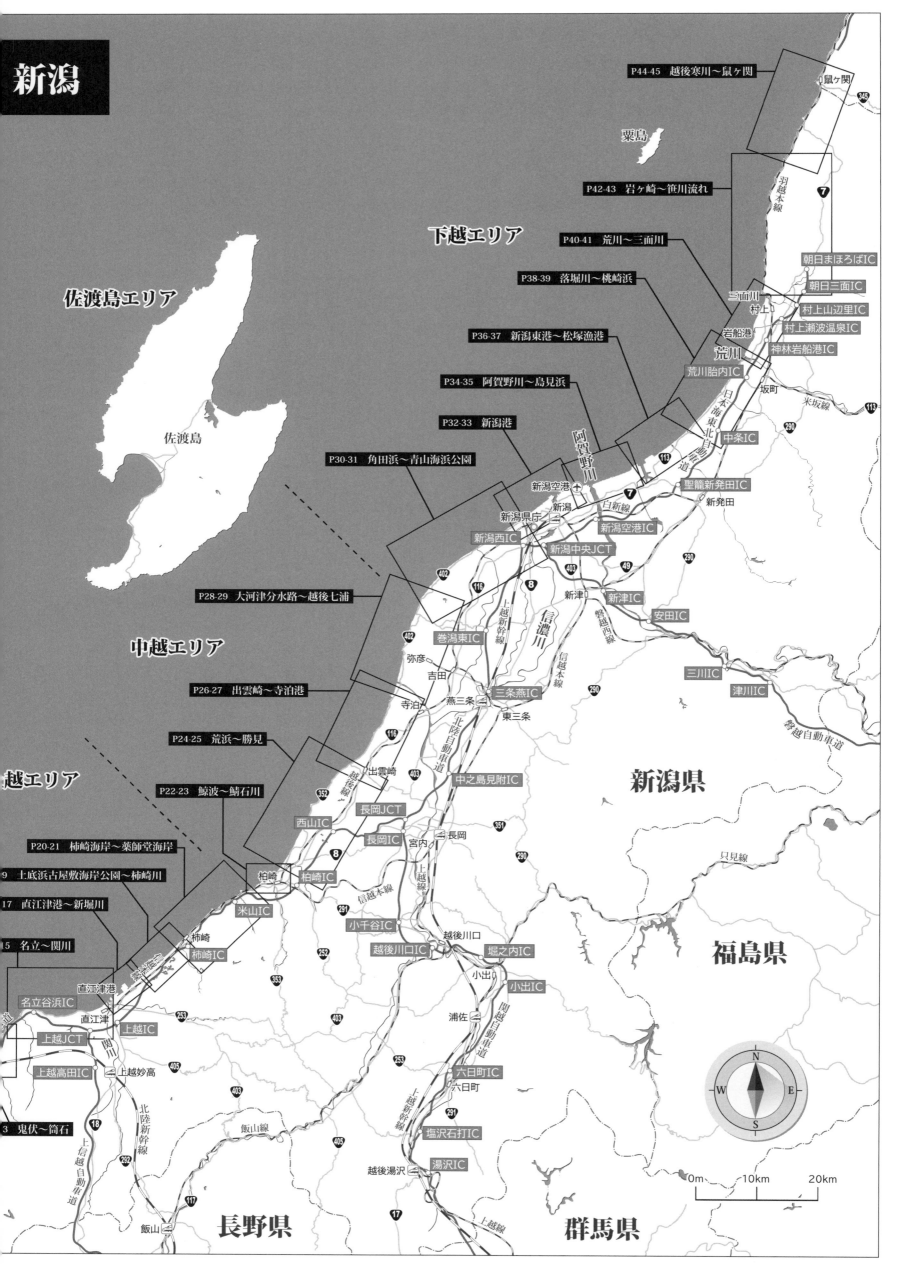

新潟

佐渡島エリア

佐渡島

下越エリア

P44-45　越後寒川〜鼠ヶ関

粟島

P42-43　岩ヶ崎〜笹川流れ

P40-41　荒川〜三面川

P38-39　落堀川〜桃崎浜

P36-37　新潟東港〜松塚漁港

P34-35　阿賀野川〜島見浜

P32-33　新潟港

P30-31　角田浜〜青山海浜公園

中越エリア

P28-29　大河津分水路〜越後七浦

P26-27　出雲崎〜寺泊港

P24-25　荒浜〜勝見

越エリア

P22-23　鯨波〜鯖石川

P20-21　柿崎海岸〜薬師堂海岸

9　土底浜古屋敷海岸公園〜柿崎川

17　直江津港〜新堀川

5　名立〜関川

3　鬼伏〜筒石

鼠ヶ関

羽越本線

朝日まほろばIC

朝日三面IC

村上山辺里IC

村上瀬波温泉IC

神林岩船港IC

中条IC

聖籠新発田IC

新発田

三面川

村上

岩船港

荒川

荒川胎内IC

坂町

米坂線

日本海東北自動車道

新潟空港

新潟県庁

新潟西IC

新潟中央JCT

新潟空港IC

白新線

阿賀野川

巻潟東IC

弥彦

吉田

寺泊

燕三条

三条燕IC

東三条

出雲崎

越後線

西山IC

長岡JCT

柏崎

柏崎IC

米山IC

柿崎

柿崎IC

直江津港

名立谷浜IC

上越JCT

直江津

上越IC

上越高田IC

上越妙高

北陸新幹線

上信越自動車道

飯山

長野県

新津

新津IC

安田IC

三川IC

津川IC

信濃川

磐越西線

信越本線

中之島見附IC

長岡IC

宮内

長岡

小千谷IC

越後川口

越後川口IC

堀之内IC

小出

小出IC

浦佐

六日町IC

六日町

塩沢石打IC

越後湯沢

湯沢IC

新潟県

磐越自動車道

只見線

福島県

関越自動車道

上越新幹線

上越線

群馬県

0m　　10km　　20km

2

JN011938

目次

取材＆構成：伊藤 巧
協　力：フィッシャーズ／富山店・上越店・黒埼店・竹尾I.C店・村上店
　　　　山田屋釣具店（三井宏志）
地図製作：廣田雅之
魚イラスト：山本556（ココロデザイン）
装　丁：神谷利男デザイン株式会社

【本書に掲載された釣り場や釣具店、渡船、その他釣りに関する情報は2021年5月現在のものです。情報は随時変更されることがあります。ご了承ください】

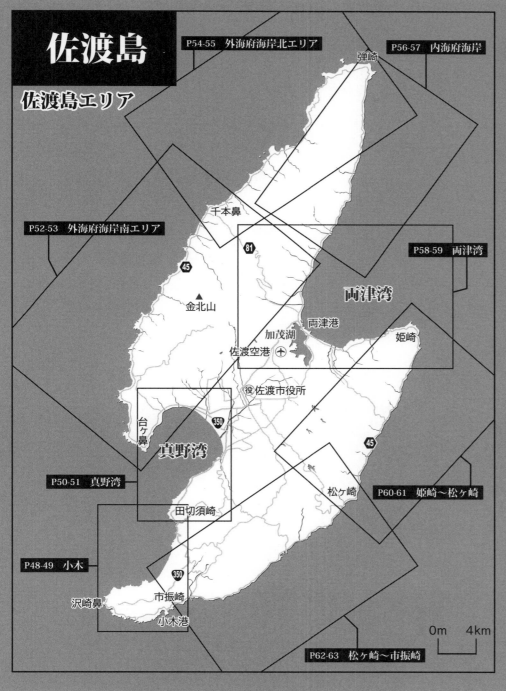

佐渡島

P54-55　外海府海岸北エリア
P56-57　内海府海岸

佐渡島エリア

P52-53　外海府海岸南エリア

P58-59　両津湾

千本鼻
弾崎
81
45
金北山
両津湾
両津港
加茂湖
佐渡空港 ✈
役 佐渡市役所
台ヶ鼻
350
真野湾
P50-51　真野湾
田切須崎
松ヶ崎
P60-61　姫崎〜松ヶ崎
姫崎
P48-49　小木
350
沢崎鼻
市振崎
小木港

0m　4km

P62-63　松ヶ崎〜市振崎

粟島　下越エリア

P46-47　粟島

逢坂山▲
旗崎
切石鼻
粟島浦村役場 役
立島
内浦港
長手鼻
丸山▲
粟島浦村
321
釜谷港
小柴山▲

0m　600m

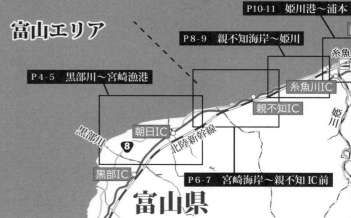

富山エリア

P10-11　姫川港〜浦本
P8-9　親不知海岸〜姫川
P4-5　黒部川〜宮崎漁港
糸魚川IC
親不知IC
朝日IC
黒部川
8
北陸新幹線
黒部IC
P6-7　宮崎海岸〜親不知IC前

富山県

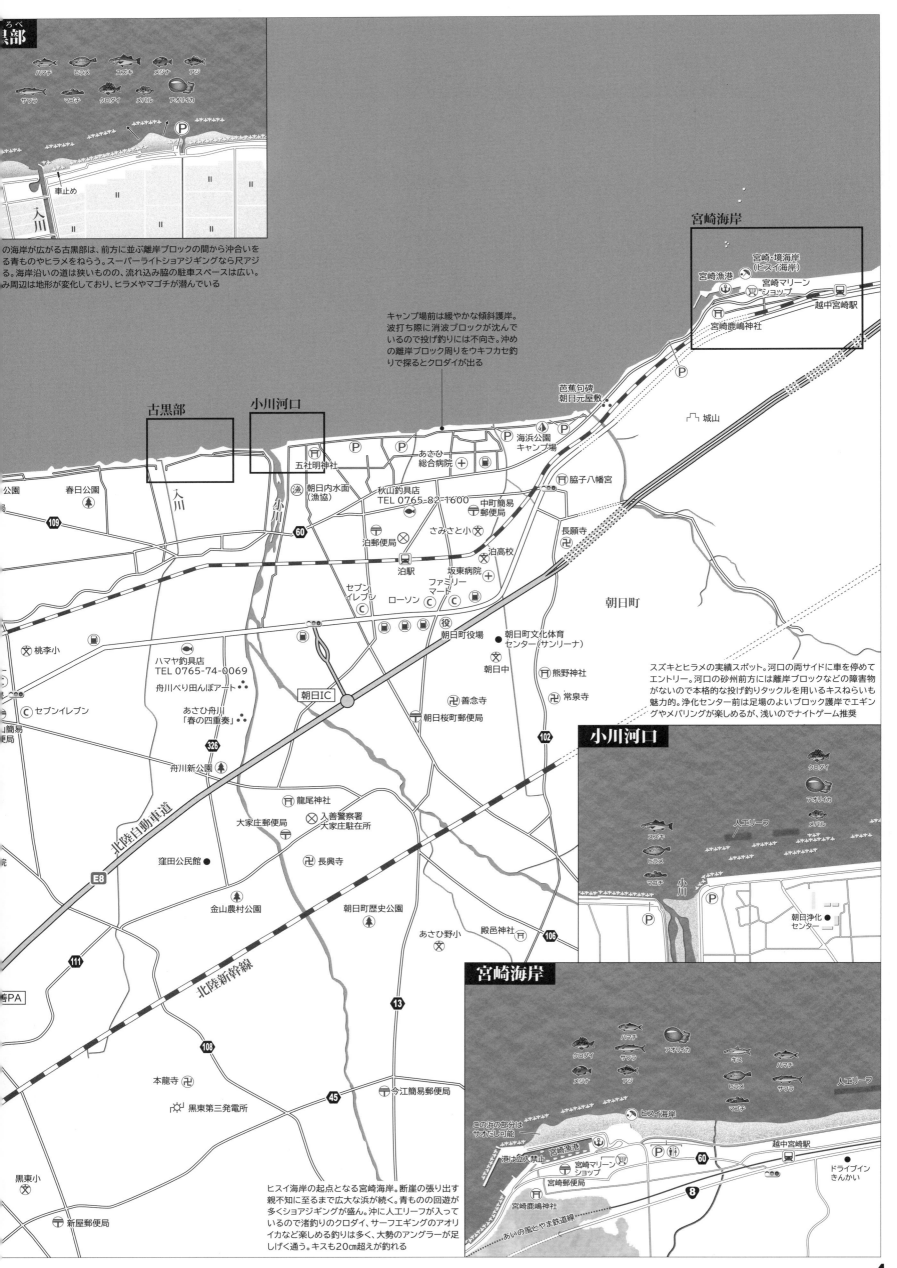

ハマチ　ヒラメ　スズキ　メジナ　アジ
サワラ　マゴチ　クロダイ　メバル　アオリイカ

車止め

入川

の海岸が広がる古黒部は、前方に並ぶ離岸ブロックの間から沖合いを
う青ものやヒラメをねらう。スーパーライトショアジギングなら尺アジ
る。海岸沿いの道は狭いものの、流れ込み脇の駐車スペースは広い。
み周辺は地形が変化しており、ヒラメやマゴチが潜んでいる

キャンプ場前は緩やかな傾斜護岸。
波打ち際に消波ブロックが沈んで
いるので投げ釣りには不向き。沖め
の離岸ブロック周りをウキフカセ釣
りで探るとクロダイが出る

宮崎海岸

宮崎・境海岸
（ヒスイ海岸）
宮崎漁港　　宮崎マリーン
　　　　　　ショップ
　　　　　　　　　　越中宮崎駅
宮崎鹿嶋神社

古黒部　　　小川河口

入川

芭蕉句碑
朝日元屋敷

城山

五社明神社

海浜公園
キャンプ場

脇子八幡宮

春日公園

109

朝日内水面
（漁協）

秋山釣具店
TEL 0765-82-1600

中町簡易
郵便局

60

泊郵便局

さみさと小

泊高校

長願寺

泊駅

坂東病院

朝日町

桃李小

セブン
イレブン

ファミリー
マート

ローソン

役

朝日町役場

ハマヤ釣具店
TEL 0765-74-0069

舟川べり田んぼアート

セブンイレブン

簡易
局

朝日町文化体育
センター（サンリーナ）

朝日中

熊野神社

善念寺

常泉寺

スズキとヒラメの実績スポット。河口の両サイドに車を停めて
エントリー。河口の砂州前方には離岸ブロックなどの障害物
がないので本格的な投げ釣りタックルを用いるキスねらいも
魅力的。浄化センター前は足場のよいブロック護岸でエギン
グやメバリングが楽しめるが、浅いのでナイトゲーム推奨

あさひ舟川
「春の四重奏」

朝日IC

326

朝日桜町郵便局

102

小川河口

クロダイ

アオリイカ

メバル

スズキ

人工リーフ

舟川新公園

龍尾神社

大家庄郵便局

入善警察署
大家庄駐在所

ヒラメ

マゴチ

小川

朝日浄化
センター

北陸自動車道

窪田公民館

長興寺

E8

金山農村公園

朝日町歴史公園

111

あさひ野小

殿邑神社

106

宮崎海岸

クロダイ　ハマチ

アオリイカ

キス

ハマチ

メジナ　サワラ

北陸新幹線

13

PA

アジ

ヒラメ

サワラ

人工リーフ

108

本龍寺

45

今江簡易郵便局

マゴチ

この浜の部分は
サオだし可能

ヒスイ海岸

黒東第三発電所

宮崎漁港

越中宮崎駅

港は立入禁止

60

黒東小

新屋郵便局

宮崎マリーン
ショップ

宮崎郵便局

8

ドライブイン
きんかい

ヒスイ海岸の起点となる宮崎海岸。断崖の張り出す
親不知に至るまで広大な浜が続く。青ものの回遊が
多くショアジギングが盛ん。沖に人工リーフが入って
いるので渚釣りのクロダイ、サーフエギングのアオリ
イカなど楽しめる釣りは多く、大勢のアングラーが足
しげく通う。キスも20㎝超えが釣れる

宮崎鹿嶋神社

あいの風とやま鉄道線

黒部川～宮崎漁港

0m　500m　1000m

黒部川右岸から宮崎漁港にかけての海岸は、傾斜護岸と離岸ブロック帯が続くエリア。手前が浅いながらも変化に富んでいるのでメバルやキジハタが多い。所々に駐車スペースがあるのでライトタックルを片手にラン＆ガンが面白そう。また、秋アオリも抜群だ。離岸ブロックにはクロダイやメジナが付いているので砂利浜に下りて渚釣りを展開すると思わぬ大ものが食ってくる

じょうべのま遺跡前

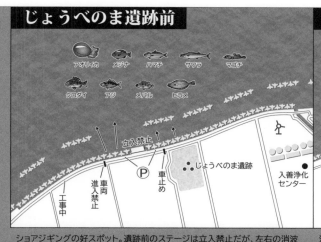

ショアジギングの好スポット。遺跡前のステージは立入禁止だが、左右の消波ブロックにはエントリー可能。ステージ状に開けた前方には離岸テトラが入っていないので開けており、青ものが回遊してきたところをねらい撃つ。やや水深があるので秋のエギングも有望だ

八幡

浄化センターの前は足場のよい傾斜護岸と砂利浜。堤防道路の幅は広くに車を停められる。沖に離岸ブロック帯が並び、クロダイとメジナをストックしている。横山の集落の東にも釣りやすい傾斜護岸が広がる。クロダイ釣りは鉄板だ。青ものの回遊が多く、フラットフィッシュの実績も充分

園家山
そのけやま

釣りやすい傾斜護岸が続くライトゲーム向けのフィールド。堤防道路の道幅が広いので駐車には困らない。主役はメバルと秋のアオリイカ。用水が流れ込む小突堤が釣りやすく、濁りが入るとスズキが姿を見せる。夜に電気ウキ釣り仕掛けを流せば良型のアジが食ってくる

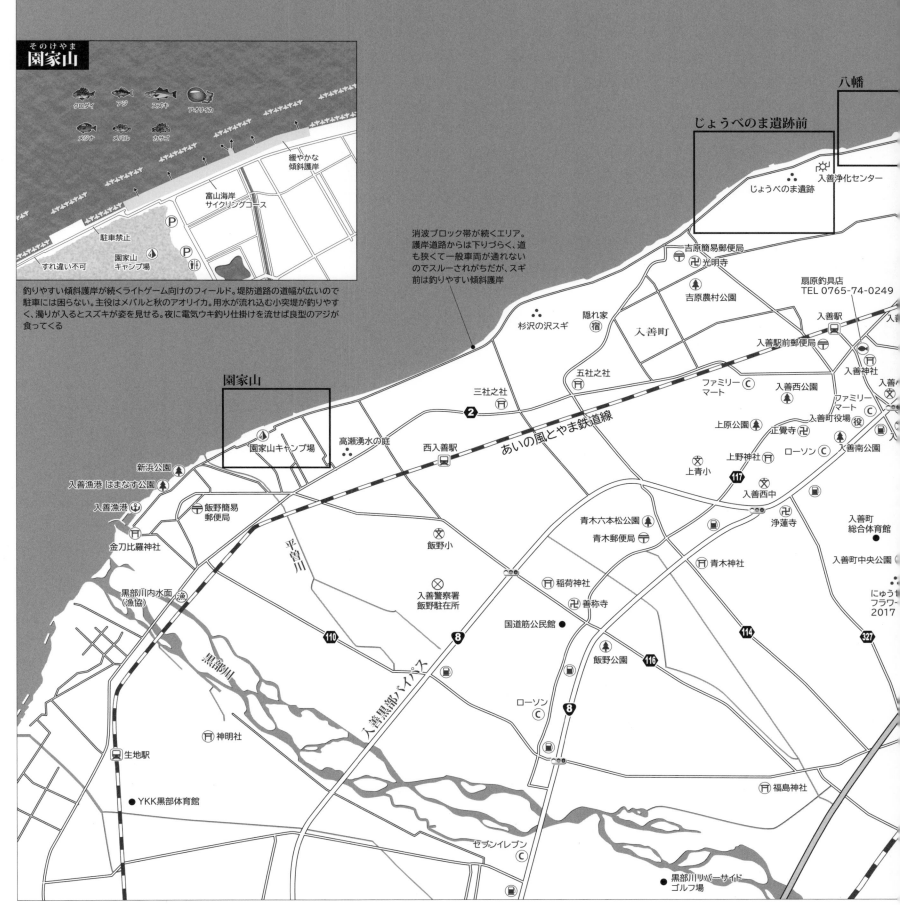

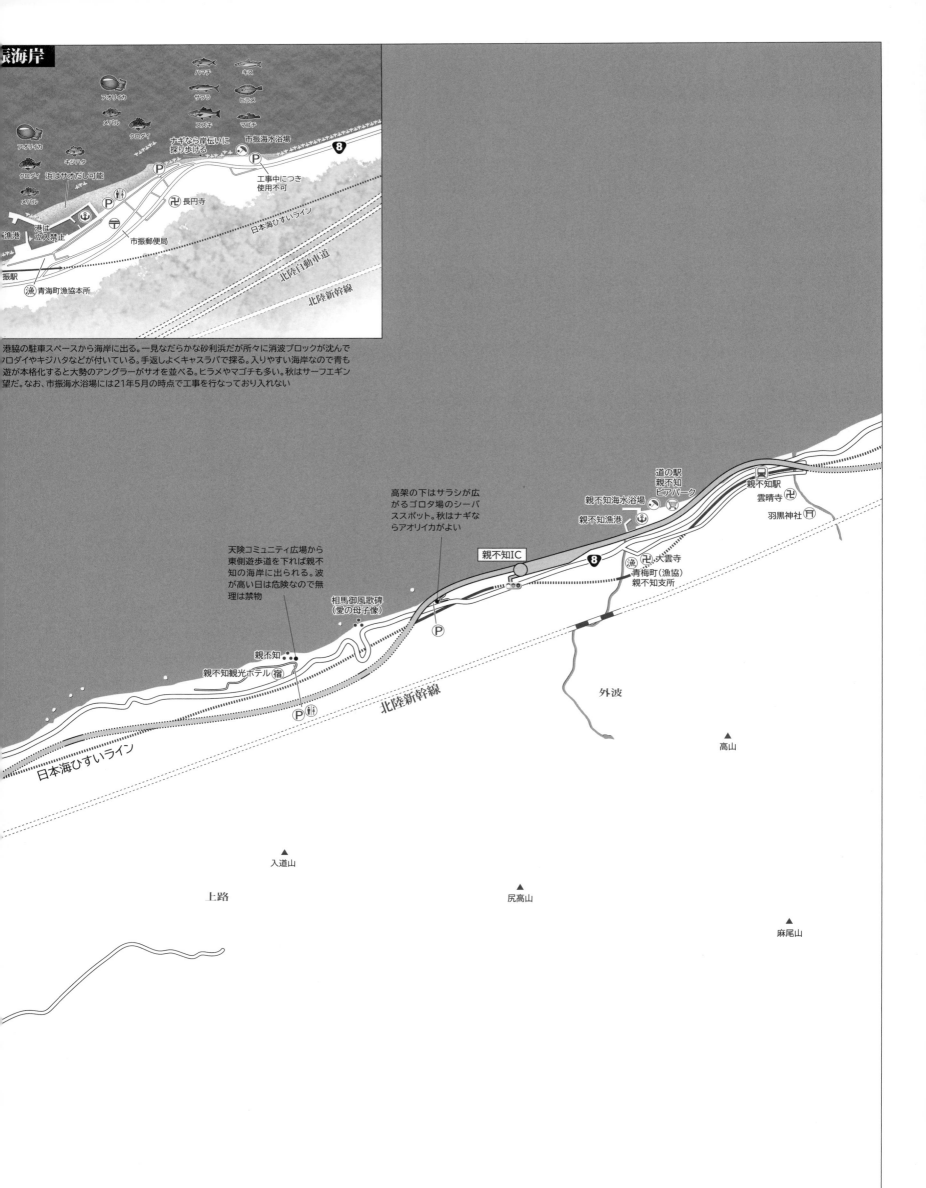

市振海岸

港脇の駐車スペースから海岸に出る。一見なだらかな砂利浜だが所々に消波ブロックが沈んでクロダイやキジハタなどが付いている。手返しよくキャスラバで探る。入りやすい海岸なので青も遊が本格化すると大勢のアングラーがサオを並べる。ヒラメやマゴチも多い。秋はサーフエギン望だ。なお、市振海水浴場には21年5月の時点で工事を行なっており入れない

ナギなら岸伝いに
探り歩ける

市振海水浴場

工事中につき
使用不可

長円寺

日本海ひすいライン

市振郵便局

北陸自動車道

北陸新幹線

浜はサオだし可能

港は
立入禁止

漁港

市振駅

青海町漁協本所

高架の下はサラシが広
がるゴロタ場のシーバ
ススポット。秋はナギな
らアオリイカがよい

道の駅
親不知
ピアパーク

親不知海水浴場

親不知駅

雲晴寺

親不知漁港

羽黒神社

天険コミュニティ広場から
東側遊歩道を下れば親不
知の海岸に出られる。波
が高い日は危険なので無
理は禁物

親不知IC

青梅町（漁協）
親不知支所

犬雲寺

相馬御風歌碑
（愛の母子像）

親不知

親不知観光ホテル 宿

日本海ひすいライン

北陸新幹線

外波

高山

上路

入道山

尻高山

麻尾山

宮崎海岸〜親不知IC前

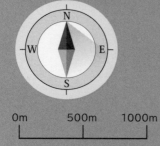

0m　500m　1000m

宮崎海岸はヒスイが拾えることで知られる広大な砂利浜。ショアジギングが人気で青ものの朗報が飛び交い、また渚釣りやサーフエギングのメッカとしてハイシーズンは釣り人で賑わう。市振海岸から東は親不知に向かって断崖が続いて容易くエントリーできないが、天険（てんけん）コミュニティ広場から海岸に出られる。親不知ICの高架下なども見逃しやすい穴場だ

境川河口

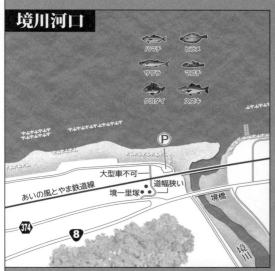

境一里塚の脇を抜けてあいの風とやま鉄道の線路を潜ると境川左岸の駐車スペースに出られる。河口はハマチやサワラの回遊が多く、スズキやヒラメの実績も多い。沖に障害物がないので投げ釣りもよく、20cmを超える良型のキスが釣れる。右岸も住宅団地の脇からエントリーできるが住宅街なので静かに

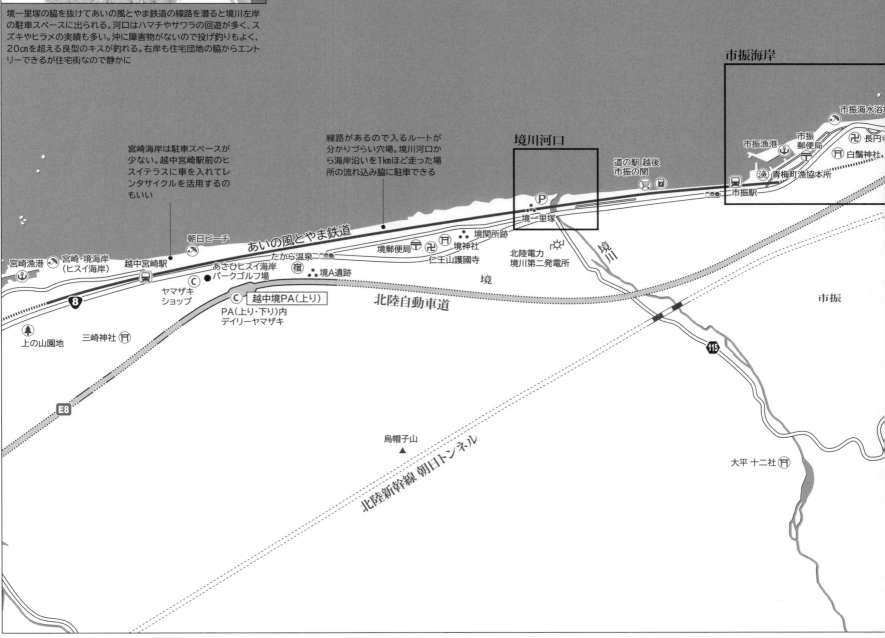

宮崎海岸は駐車スペースが少ない。越中宮崎駅前のヒスイテラスに車を入れてレンタサイクルを活用するのもいい

線路があるので入るルートが分かりづらい穴場。境川河口から海岸沿いを1kmほど走った場所の流れ込み脇に駐車できる

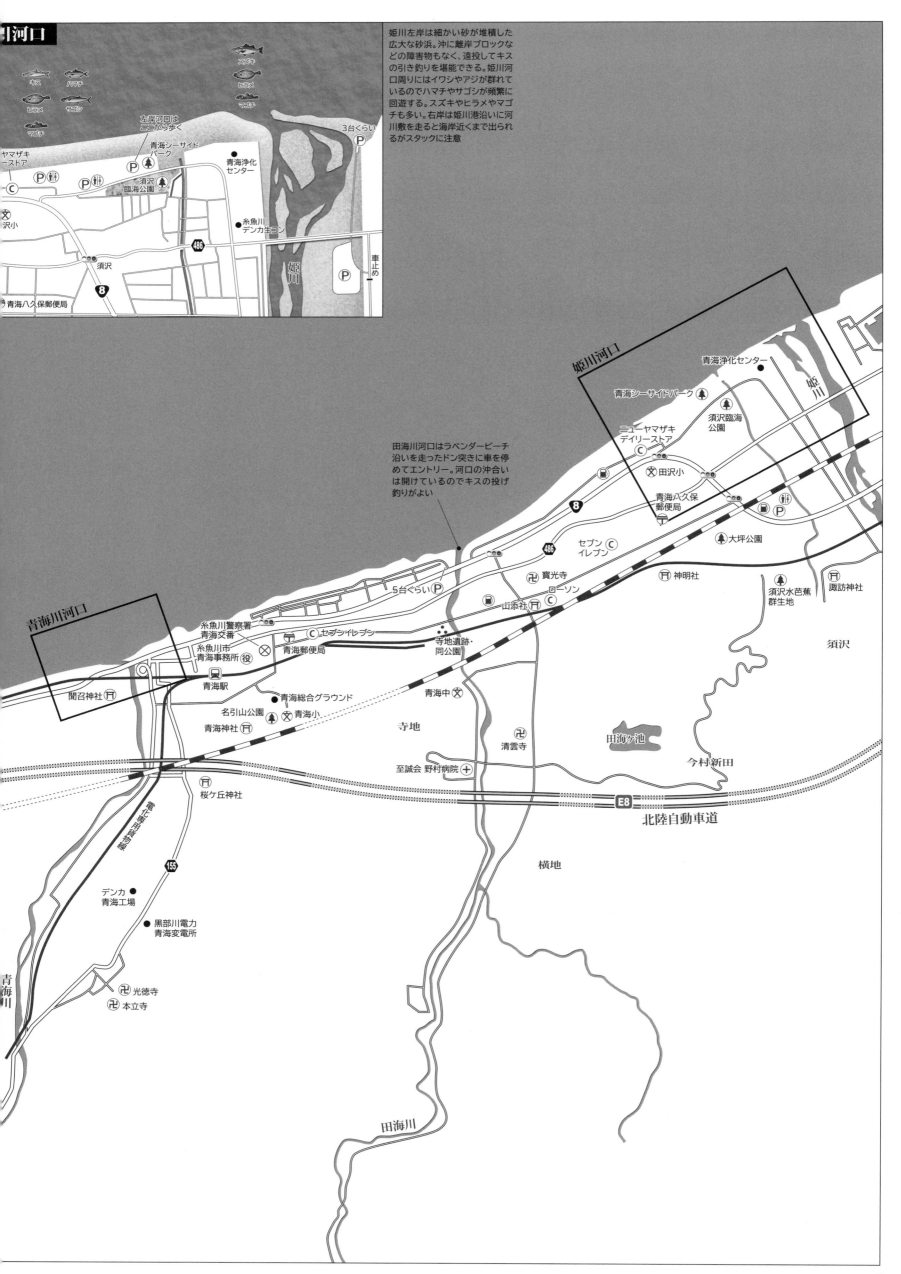

姫川河口

姫川左岸は細かい砂が堆積した広大な砂浜。沖に離岸ブロックなどの障害物もなく、遠投してキスの引き釣りを堪能できる。姫川河口周りにはイワシやアジが群れているのでハマチやサゴシが頻繁に回遊する。スズキやヒラメやマゴチも多い。右岸は姫川港沿いに河川敷を走ると海岸近くまで出られるがスタックに注意

左岸河口はここから歩く

青海シーサイドパーク

青海浄化センター

須沢臨海公園

ヤマザキストア

糸魚川市デンカ生コン

須沢

486

8

青海ハス保郵便局

沢小

3台くらい P

車止め

姫川

田海川河口はラベンダービーチ沿いを走ったドン突きに車を停めてエントリー。河口の沖合いは開けているのでキスの投げ釣りがよい

姫川河口

青海浄化センター

青海シーサイドパーク

須沢臨海公園

ニューヤマザキデイリーストア

田沢小

青海ハス保郵便局

大坪公園

神明社

諏訪神社

須沢水芭蕉群生地

姫川

須沢

5台ぐらい P

セブンイレブン

賞光寺

ローソン

山添社

8

486

青海川河口

糸魚川警察署青海交番

糸魚川市青海事務所 役

セブンイレブン

青海郵便局

寺地遺跡・同公園

田海ヶ池

今村新田

聞召神社

青海駅

青海総合グラウンド

青海中

寺地

名引山公園 青海小

青海神社

清雲寺

至誠会 野村病院

横地

桜ケ丘神社

E8 北陸自動車道

155

デンカ青海工場

黒部川電力青海変電所

光徳寺

本立寺

青海川

田海川

親不知海岸～姫川

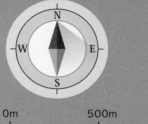

0m　　　500m　　　1000m

険しい断崖が続く親不知駅から青海駅までの海岸線を子不知と呼ぶ。崖に食い込むように走る国道から海岸に出られる場所はほぼない。そして子不知を抜けて青海川を渡ると大きく開けて市街地へとロケーションが変わる。海岸線は姫川からの砂が堆積した砂浜が広がる

青海川河口

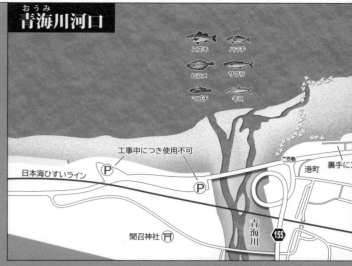

青海川を境に岩礁から砂浜へとロケーションが切り替わる。スズキやヒラメの寄りが抜群でルアーマンに人気のスポットだが、2021年5月中旬の時点で海岸線の護岸工事が行なわれており、左岸には入ることができない。右岸も駐車できる場所が少なく、工事の終了が待たれる

親不知海岸

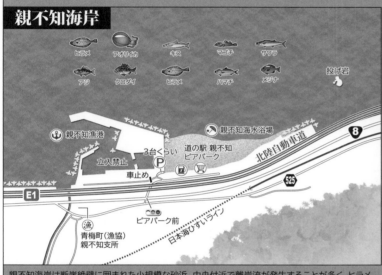

親不知海岸は断崖絶壁に囲まれた小規模な砂浜。中央付近で離岸流が発生することが多く、ヒラメやマゴチが寄っている。尺アジやワラサの回遊もあり、秋にはエギングで盛り上がる。キスはチョイ投げで釣れる。道の駅親不知ピアパークで休憩できるので家族サービスにおすすめ。なお、釣り目的での駐車場利用は禁止されており、親不知漁港手前から海岸に向かうと3台ほど駐車できる。浜まで出るとスタックするので注意

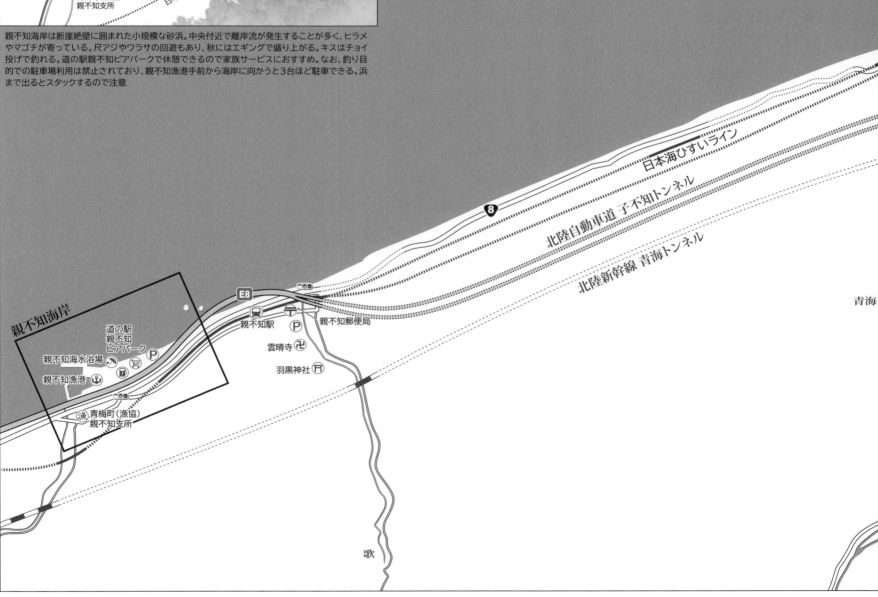

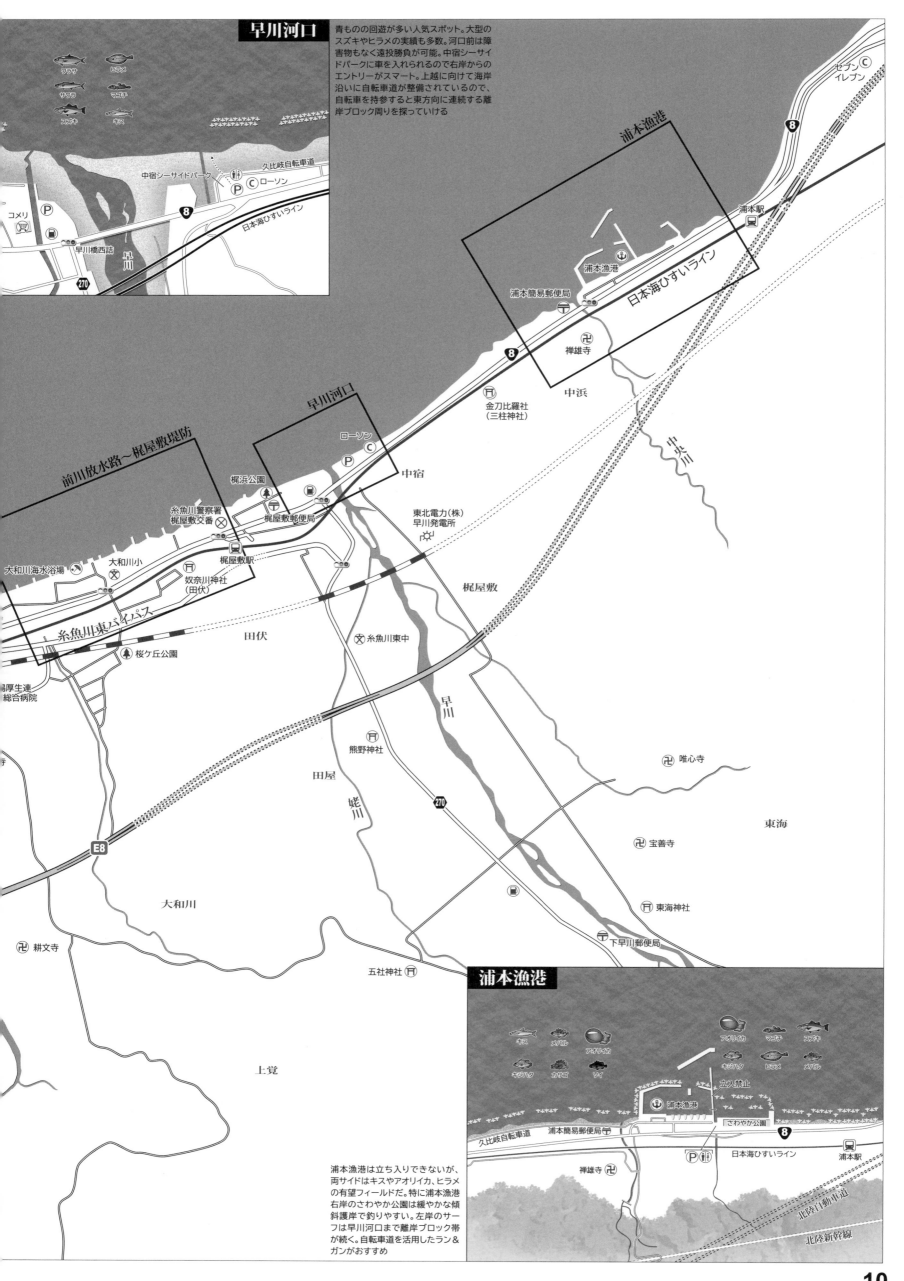

早川河口

青ものの回遊が多い人気スポット。大型のスズキやヒラメの実績も多数。河口前は障害物もなく遠投勝負が可能。中宿シーサイドパークに車を入れられるので右岸からのエントリーがスマート。上越に向けて海岸沿いに自転車道が整備されているので、自転車を持参すると東方向に連続する離岸ブロック周りを探っていける

ワラサ　ヒラメ
サクラ　マゴチ
スズキ　キス

コメリ
中宿シーサイドパーク　久比岐自転車道
C ローソン
8
日本海ひすいライン
早川橋西詰
早川
270

浦本漁港
セブンイレブン C
8
浦本駅
浦本漁港
浦本簡易郵便局
日本海ひすいライン
中央川
8 禅雄寺
中浜
金刀比羅社（三柱神社）

早川河口
ローソン C
P
中宿
梶浜公園
東北電力(株)早川発電所

前川放水路〜梶屋敷堤防
糸魚川警察署梶屋敷交番
梶屋敷郵便局
大和川海水浴場
大和川小
梶屋敷駅
奴奈川神社（田伏）
糸魚川東バイパス
田伏
糸魚川東中
梶屋敷
桜ケ丘公園
厚生連総合病院
E8
早川
270
熊野神社
唯心寺
田屋
姫川
宝善寺
東海
大和川
東海神社
耕文寺
下早川郵便局
五社神社
上覚

浦本漁港

キス　メバル　アオリイカ　　アオリイカ　マゴチ　スズキ
キジハタ　カサゴ　ツイ　　キジハタ　ヒラメ　メバル

立入禁止
浦本漁港
さわやか公園 8
久比岐自転車道
浦本簡易郵便局
P
日本海ひすいライン 浦本駅
禅雄寺
北陸自動車道
北陸新幹線

浦本漁港は立ち入りできないが、両サイドはキスやアオリイカ、ヒラメの有望フィールドだ。特に浦本漁港右岸のさわやか公園は緩やかな傾斜護岸で釣りやすい。左岸のサーフは早川河口まで離岸ブロック帯が続く。自転車道を活用したラン＆ガンがおすすめ

姫川港～浦本

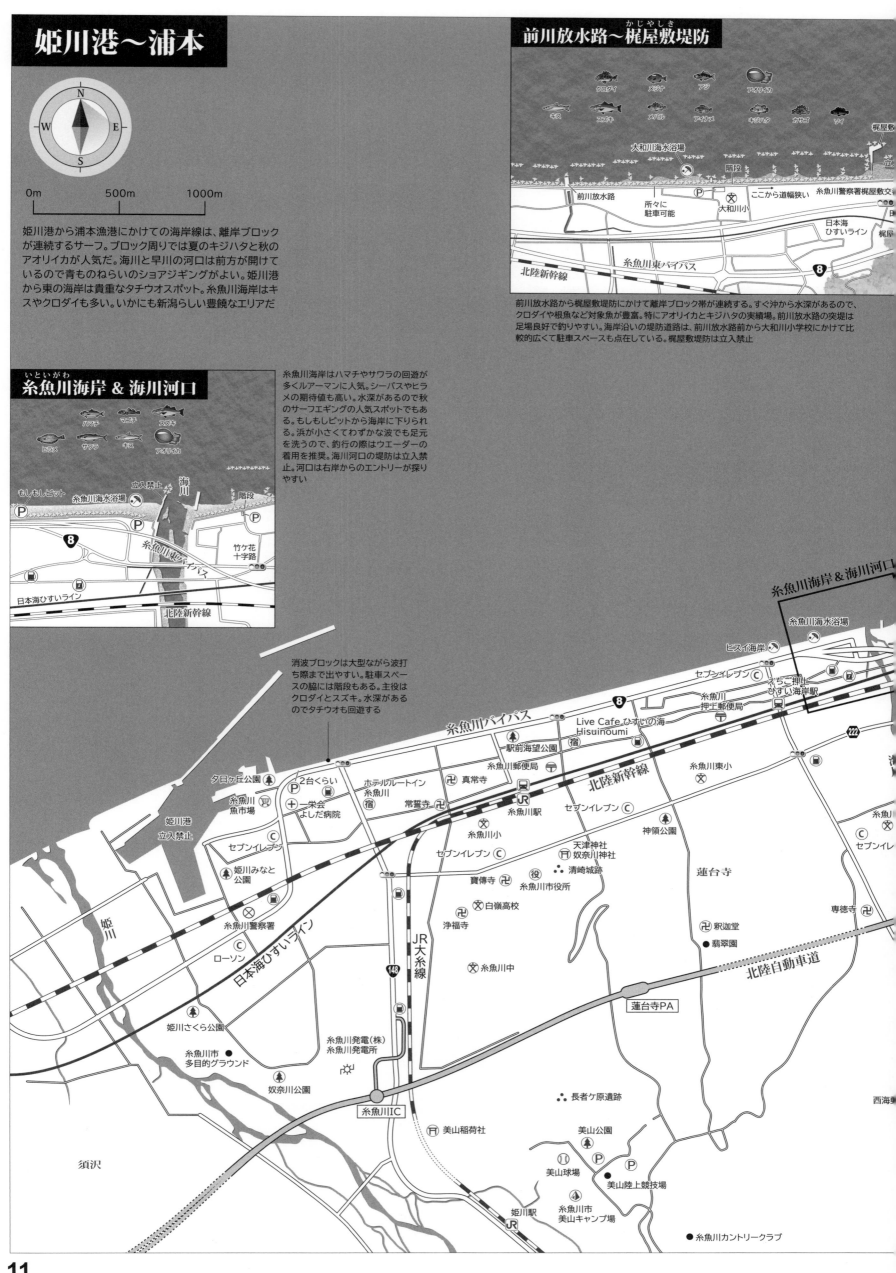

N
W E
S

0m　　500m　　1000m

姫川港から浦本漁港にかけての海岸線は、離岸ブロックが連続するサーフ。ブロック周りでは夏のキジハタと秋のアオリイカが人気だ。海川と早川の河口は前方が開けているので青ものねらいのショアジギングがよい。姫川港から東の海岸は貴重なタチウオスポット。糸魚川海岸はキスやクロダイも多い。いかにも新潟らしい豊饒なエリアだ

糸魚川海岸 ＆ 海川河口
（いといがわ）

ハマチ　マゴチ　スズキ
ヒラメ　サワラ　キス　アオリイカ

糸魚川海岸はハマチやサワラの回遊が多くルアーマンに人気。シーバスやヒラメの期待値も高い。水深があるので秋のサーフエギングの人気スポットでもある。もしもしピットから海岸に下りられる。浜が小さくてわずかな波でも足元を洗うので、釣行の際はウエーダーの着用を推奨。海川河口の堤防は立入禁止。河口は右岸からのエントリーが探りやすい

もしもしピット
糸魚川海水浴場
立入禁止
海川
階段
P　P　P
8
糸魚川東バイパス
竹ケ花十字路
日本海ひすいライン
北陸新幹線

前川放水路～梶屋敷堤防
（かじやしき）

クロダイ　メジナ　アジ　アオリイカ
キス　スズキ　メバル　アイナメ　キジハタ　カサゴ　ソイ

梶屋敷

大和川海水浴場
階段
前川放水路
所々に駐車可能
大和川小
P　X
ここから道幅狭い　糸魚川警察署梶屋敷交
日本海ひすいライン
梶屋
糸魚川東バイパス
北陸新幹線
8

前川放水路から梶屋敷堤防にかけて離岸ブロック帯が連続する。すぐ沖から水深があるので、クロダイや根魚など対象魚が豊富。特にアオリイカとキジハタの実績場。前川放水路の突堤は足場良好で釣りやすい。海岸沿いの堤防道路は、前川放水路前から大和川小学校にかけて比較的広くて駐車スペースも点在している。梶屋敷堤防は立入禁止

消波ブロックは大型ながら波打ち際まで出やすい。駐車スペースの脇には階段もある。主役はクロダイとスズキ。水深があるのでタチウオも回遊する

糸魚川海岸 ＆ 海川河口
糸魚川海水浴場
ヒスイ海岸
セブンイレブン C
えちご押上ひすい海岸駅
糸魚川押上郵便局
222

糸魚川バイパス
Live Cafe ひすいの海
Hisuinoumi
8
駅前海望公園
糸魚川郵便局
真常寺
北陸新幹線
糸魚川東小
夕日ヶ丘公園
2台くらい
P
糸魚川魚市場
一栄会
よしだ病院
ホテルルートイン糸魚川
常誓寺
糸魚川駅
糸魚川小
セブンイレブン C
セブンイレブン C
糸魚川
セブンイレ
姫川港
立入禁止
セブンイレブン
天津神社
奴奈川神社
神領公園
姫川みなと公園
清崎城跡
宝傳寺
役
糸魚川市役所
蓮台寺
姫川
糸魚川警察署
日本海ひすいライン
白嶺高校
浄福寺
釈迦堂
専徳寺
ローソン C
翡翠園
JR大糸線
148
糸魚川中
北陸自動車道
姫川さくら公園
蓮台寺PA
糸魚川発電（株）糸魚川発電所
糸魚川市多目的グラウンド
長者ケ原遺跡
奴奈川公園
美山公園
西海
糸魚川IC
美山稲荷社
美山球場
P　P
姫川駅
糸魚川市美山キャンプ場
美山陸上競技場
JR
糸魚川カントリークラブ

須沢

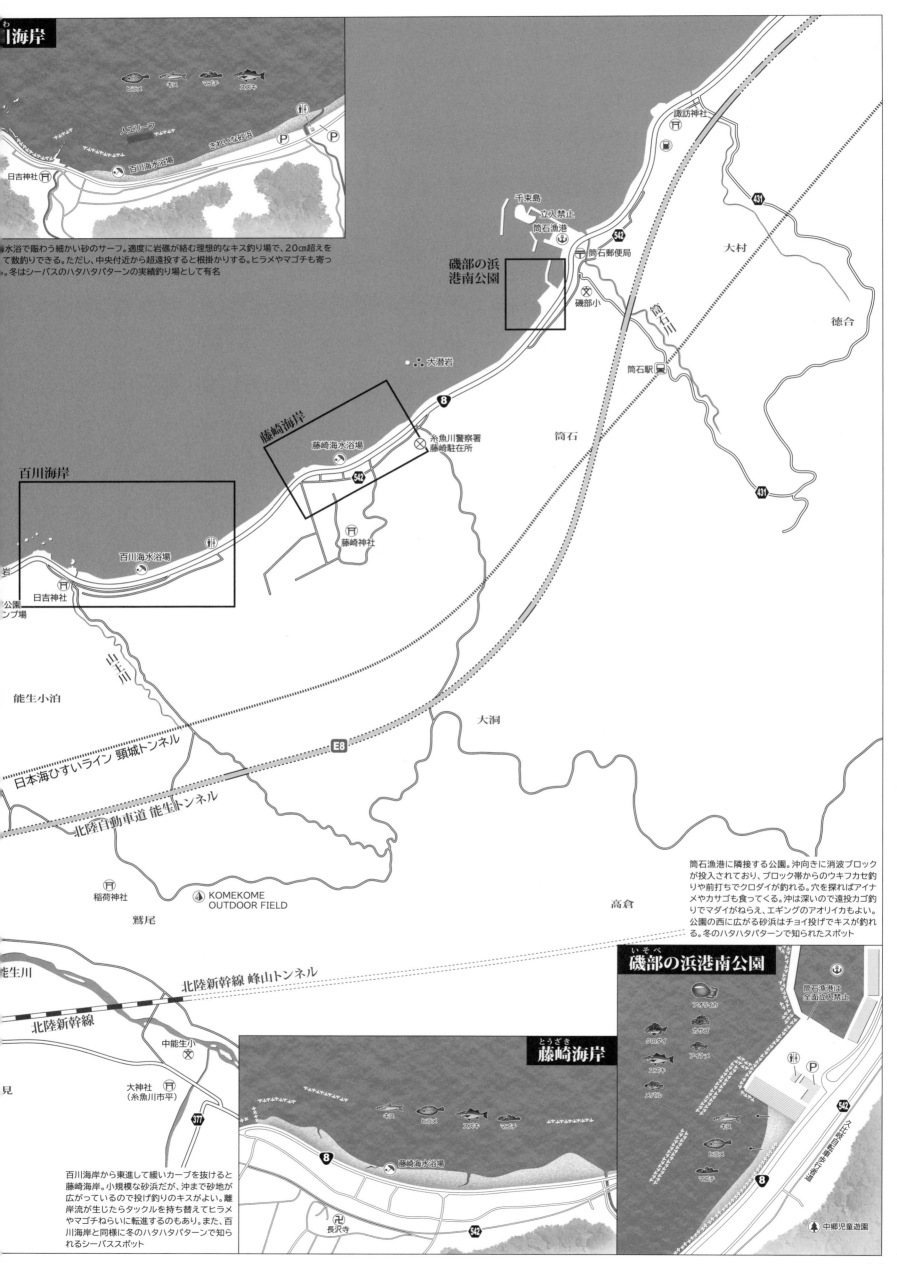

〜海岸 (わ)

ヒラメ　キス　マゴチ　スズキ

〜水浴で賑わう細かい砂のサーフ。適度に岩礁が絡む理想的なキス釣り場で、20cm超えを〜て数釣りできる。ただし、中央付近から超遠投すると根掛かりする。ヒラメやマゴチも寄っ〜。冬はシーバスのハタハタパターンの実績釣り場として有名

日吉神社　人工リーフ　百川海水浴場　きれいな砂浜

諏訪神社　431　大村　徳合
千束島　立入禁止　筒石漁港　542　筒石郵便局
磯部の浜港南公園
磯部小　筒石川　大潜岩　8
藤崎海岸　藤崎海水浴場　糸魚川警察署 藤崎駐在所　542
筒石駅　筒石
百川海岸　百川海水浴場　藤崎神社　日吉神社
岩　公園 ンプ場
山生川　能生小泊
日本海ひすいライン 頸城トンネル
北陸自動車道 能生トンネル
E8　大洞　高倉
稲荷神社　KOMEKOME OUTDOOR FIELD　鷲尾

筒石漁港に隣接する公園。沖向きに消波ブロックが投入されており、ブロック帯からのウキフカセ釣りや前打ちでクロダイが釣れる。穴を探ればアイナメやカサゴも食ってくる。沖は深いので遠投カゴ釣りでマダイがねらえ、エギングのアオリイカもよい。公園の西に広がる砂浜はチョイ投げでキスが釣れる。冬のハタハタパターンで知られたスポット

北陸新幹線 峰山トンネル
能生川
北陸新幹線
中能生小
大神社（糸魚川市平）　377
見

藤崎海岸 (とうざき)

キス　ヒラメ　スズキ　マゴチ
藤崎海水浴場　8
長沢寺　542

百川海岸から東進して緩いカーブを抜けると藤崎海岸。小規模な砂浜だが、沖まで砂地が広がっているので投げ釣りのキスがよい。離岸流が生じたらタックルを持ち替えてヒラメやマゴチねらいに転進するのもあり。また、百川海岸と同様に冬のハタハタパターンで知られるシーバススポット

磯部の浜港南公園 (いそべ)

アオリイカ　クロダイ　カサゴ　スズキ　アイナメ　メバル
キス　ヒラメ　マゴチ
筒石漁港は全面立入禁止
P　542　8
中郷児童遊園

鬼伏〜筒石
おにぶし〜つついし

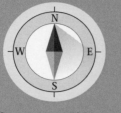

0m　500m　1000m

キスの有望エリアが点在する。中でも百川から藤崎にかけてはきれいな砂浜が広がり、本格的な投げ釣りによる連掛けが堪能できる。百川から筒石にかけては、冬に産卵を控えたハタハタが接岸し、それを捕食する太ったスズキがねらえる。アオリイカやキジハタ、クロダイなどの人気ターゲットも多い。鬼舞漁港、能生漁港、筒石漁港は、それぞれ立ち入ることは叶わないが、いずれも周辺エリアは見逃せない

弁天岩

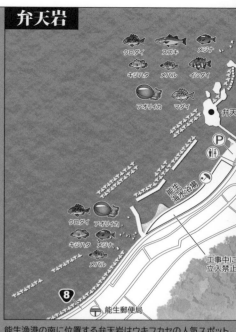

能生漁港の南に位置する弁天岩はウキフカセの人気スポット。主役はクロダイとメジナだが、沖向きは水深があるので大型のマダイやイシダイも食ってくる。キジハタやメバル、アオリイカの1級スポットでもある。本格的な磯なので万全の装備で臨むこと。海水浴場は緩い傾斜護岸と砂浜。浅いので日中はチョイ投げでキスが釣れる程度

能生川河口
のう

大型のヒラメやスズキが数多くキャッチされている実績場。ハマチやサワラの回遊も多く、ルアーマンに人気のスポット。右岸には人工リーフが並んでいるので秋にエギングが面白い。投げ釣りなら左岸。遠投すれば良型のキスが釣れる

木浦川の河口はスズキとキジハタスポット。ゴロタなのでカサゴやメバルも多い。投げ釣りでは良型のキスが顔を出す

もしもしピット脇のスロープからゴロタの浜に下りられる。夜にスズキやメバルが回遊してくる

ゴロタ場の高見崎はキジハタスポット。スズキの実績場でもある。所々に駐車可能なスペースがある

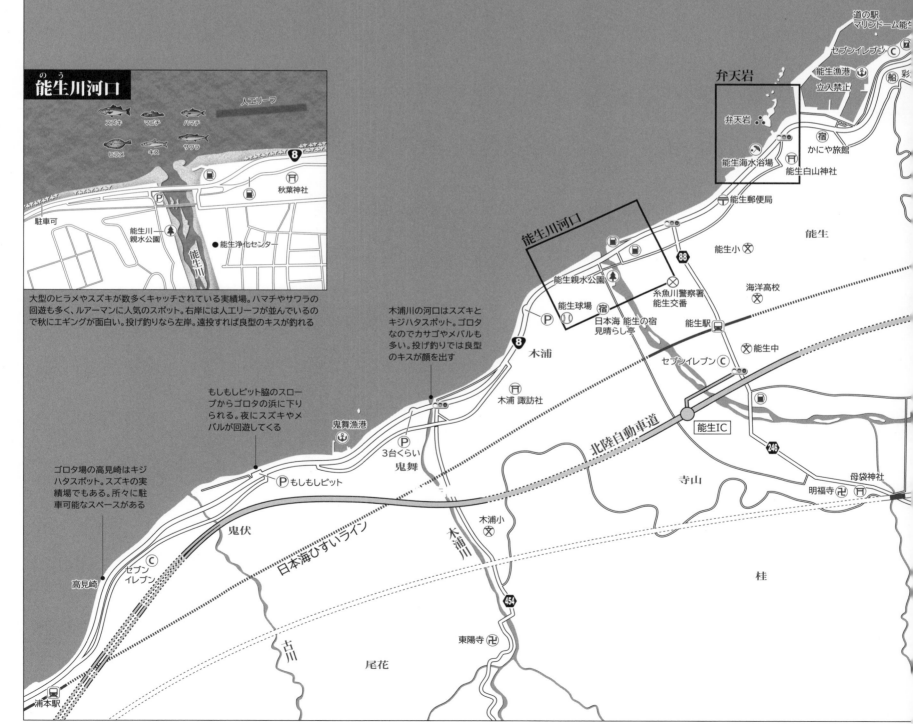

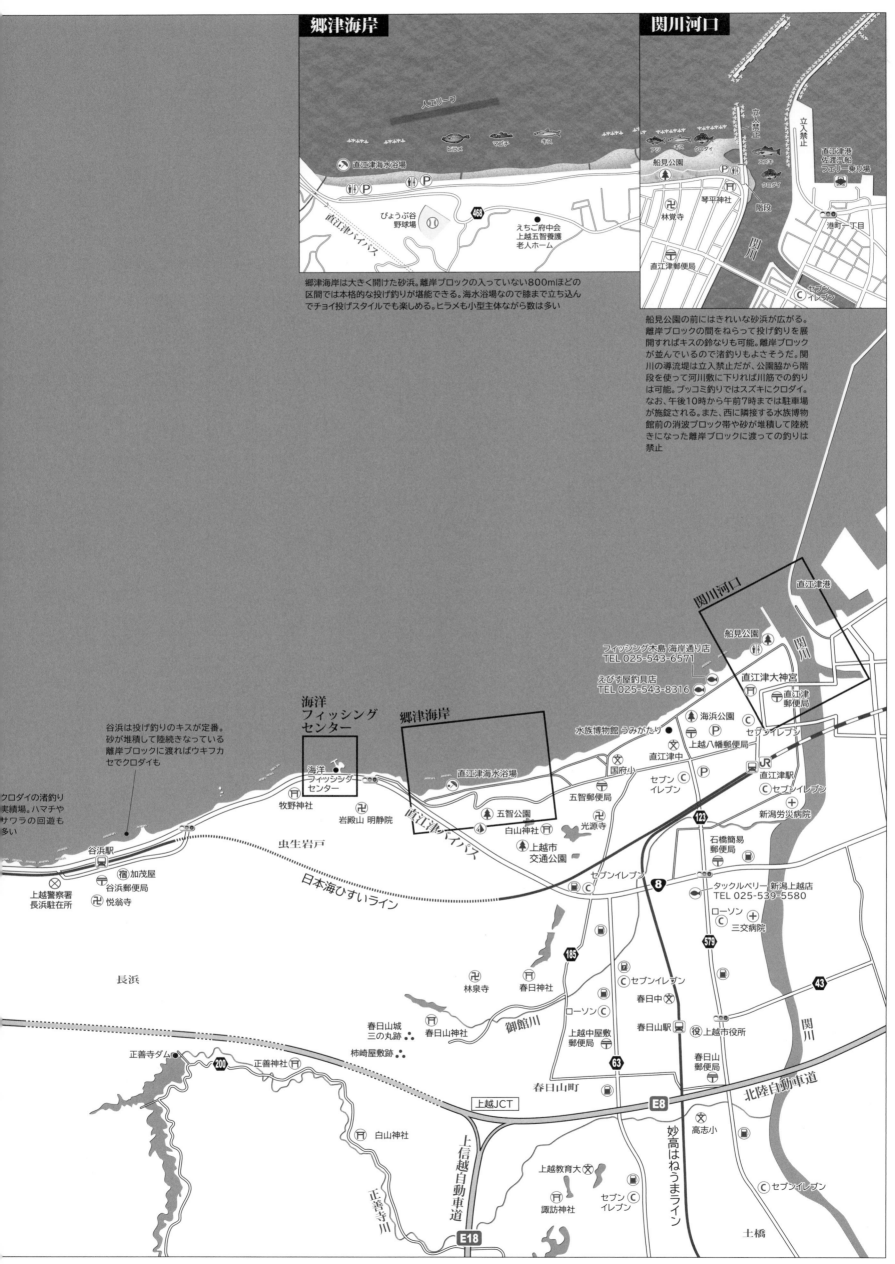

郷津海岸

人工リーフ

ヒラメ　マゴチ　キス

直江津海水浴場

びょうぶ谷
野球場

えちご府中会
上越五智養護
老人ホーム

直江津バイパス

468

郷津海岸は大きく開けた砂浜。離岸ブロックの入っていない800mほどの区間では本格的な投げ釣りが堪能できる。海水浴場なので膝まで立ち込んでチョイ投げスタイルでも楽しめる。ヒラメも小型主体ながら数は多い

関川河口

立入禁止　立入禁止

船見公園

アジ　キス　マダイ

スズキ

クロダイ

階段

直江津港
佐渡汽船
フェリー乗り場

琴平神社

林覚寺

直江津郵便局

港町一丁目

関川

船見公園の前にはきれいな砂浜が広がる。離岸ブロックの間をねらって投げ釣りを展開すればキスの鈴なりも可能。離岸ブロックが並んでいるので渚釣りもよさそうだ。関川の導流堤は立入禁止だが、公園脇から階段を使って河川敷に下りれば川筋での釣りは可能。ブッコミ釣りではスズキにクロダイ。なお、午後10時から午前7時までは駐車場が施錠される。また、西に隣接する水族博物館前の消波ブロック帯や砂が堆積して陸続きになった離岸ブロックに渡っての釣りは禁止

谷浜は投げ釣りのキスが定番。砂が堆積して陸続きなっている離岸ブロックに渡ればウキフカセでクロダイも

クロダイの渚釣り実績場。ハマチやサワラの回遊も多い

海洋
フィッシング
センター

郷津海岸

関川河口

直江津港

フィッシング木島 海岸通り店
TEL 025-543-6571

えびす屋釣具店
TEL 025-543-8316

船見公園

直江津大神宮

直江津
郵便局

直江津海水浴場

水族博物館
うみがたり

海浜公園

セブンイレブン

上越八幡郵便局

直江津中

国府小

五智郵便局

セブン
イレブン

JR
直江津駅

セブンイレブン

新潟労災病院

海洋
フィッシング
センター

牧野神社

岩殿山 明静院

五智公園

白山神社

光源寺

上越市
交通公園

石橋簡易
郵便局

谷浜駅

虫生岩戸

直江津バイパス

日本海ひすいライン

123

セブンイレブン

8

タックルベリー 新潟上越店
TEL 025-539-5580

加茂屋

谷浜郵便局

ローソン

三交病院

悦翁寺

上越警察署
長浜駐在所

185

579

43

長浜

林泉寺

春日神社

セブンイレブン

春日中

関川

春日山城
三の丸跡

春日山神社

御館川

ローソン

上越中屋敷
郵便局

春日山駅

役 上越市役所

柿崎屋敷跡

春日山町

春日山
郵便局

正善寺ダム

正善神社

200

上信越自動車道

上越JCT

63

E8

北陸自動車道

妙高はねうまライン

白山神社

高志小

セブンイレブン

正善寺川

上越教育大

諏訪神社

セブン
イレブン

土橋

E18

名立～関川

0m　500m　1000m

大規模河川から砂が流れ込み、郷津海岸を
はじめきれいな砂浜が点在する。いずれも
キスが多く、投げ釣りやチョイ投げを楽しむ
にはもってこいのエリアだ。離岸ブロックが
並ぶ海岸では、渚釣りやブッコミ釣りで一発
大型クロダイも期待できる

海洋フィッシングセンター

桟橋スタイルの釣り施設。桟橋の全長は185mで定員は200名
自然の岩場を利用したサンビーチに下りてもよい。寄せエサを使
う釣りは禁止されているので注意。周囲は岩礁帯なので投げ釣
りは不向き。いろいろと制限は多いが青ものの回遊が盛んで、秋
には新子のアオリイカがわき、エギングを楽しむ人で賑わう。親子
釣り教室などのイベントも頻繁に開催されている。また、周辺の
海岸では、秋から冬にかけてサヨリパターンとハタハタパターン
でシーバスがねらえる。

【海洋フィッシングセンター】
営業時間:9～17時(休業日あり。要問い合わせ)
基本料金:1人150円
　　　　　貸しザオ200円
　　　　　エサ250円
●問合先 ☎025-544-2475
※強風時、荒天時は臨時休業する場合がある
※冬期は休業

名立川河口

道の駅うみてらす名立のすぐ南に流れ込んでいる名立川。その河口には
イワシが群れ、スズキ、ヒラメ、マゴチの人気釣り場となっている。また、
初夏になると左岸からの投げ釣りでキスが数釣れる。右岸にはアジが回
遊する。なお、ポケットビーチでの釣りは禁止されている

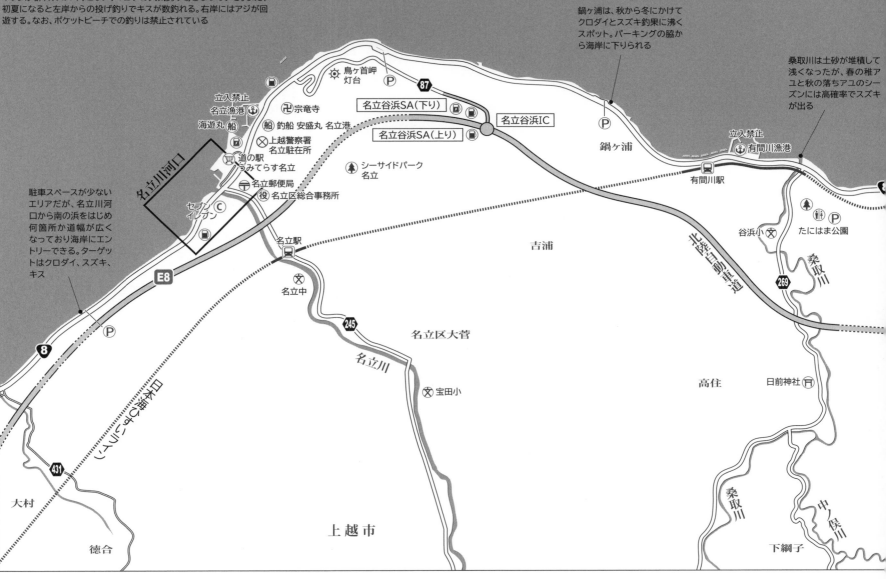

鍋ヶ浦は、秋から冬にかけて
クロダイとスズキ釣果に沸く
スポット。パーキングの脇か
ら海岸に下りられる

桑取川は土砂が堆積して
浅くなったが、春の稚ア
ユと秋の落ちアユのシー
ズンには高確率でスズキ
が出る

駐車スペースが少ない
エリアだが、名立川河
口から南の浜をはじめ
何箇所か道幅が広く
なっており海岸にエン
トリーできる。ターゲッ
トはクロダイ、スズキ、
キス

直江津港第３東防波堤管理釣り場

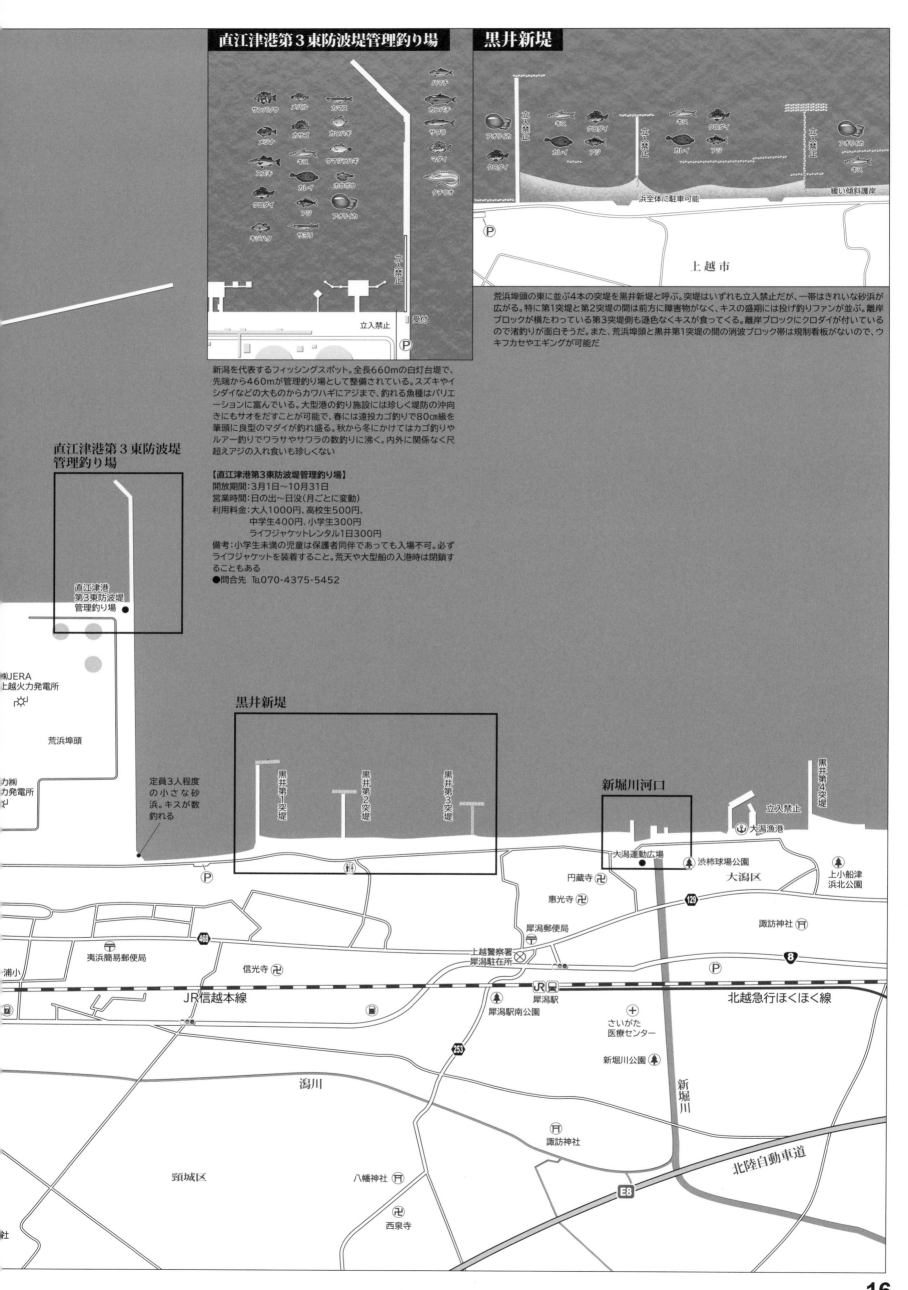

黒井新堤

立禁止
浜全体に駐車可能
緩い傾斜護岸

上越市

荒浜埠頭の東に並ぶ4本の突堤を黒井新堤と呼ぶ。突堤はいずれも立入禁止だが、一帯はきれいな砂浜が広がる。特に第1突堤と第2突堤の間は前方に障害物がなく、キスの盛期には投げ釣りファンが並ぶ。離岸ブロックが横たわっている第3突堤側も遜色なくキスが食ってくる。離岸ブロックにクロダイが付いているので渚釣りが面白そうだ。また、荒浜埠頭と黒井第1突堤の間の消波ブロック帯は規制看板がないので、ウキフカセやエギングが可能だ

受付
立入禁止

新潟を代表するフィッシングスポット。全長660mの白灯台堤で、先端から460mが管理釣り場として整備されている。スズキやイシダイなどの大ものからカワハギにアジまで、釣れる魚種はバリエーションに富んでいる。大型港の釣り施設には珍しく堤防の沖向きにもサオをだすことが可能で、春には遠投カゴ釣りで80cm級を筆頭に良型のマダイが釣れ盛る。秋から冬にかけてはカゴ釣りやルアー釣りでワラサやサワラの数釣りに沸く。内外に関係なく尺超えアジの入れ食いも珍しくない

【直江津港第3東防波堤管理釣り場】
開放期間：3月1日～10月31日
営業時間：日の出～日没(月ごとに変動)
利用料金：大人1000円、高校生500円、
　　　　　中学生400円、小学生300円
　　　　　ライフジャケットレンタル1日300円
備考：小学生未満の児童は保護者同伴であっても入場不可。必ずライフジャケットを装着すること。荒天や大型船の入港時は閉鎖することもある
●問合先 ☎070-4375-5452

直江津港第３東防波堤
管理釣り場

直江津港
第３東防波堤
管理釣り場

㈱JERA
上越火力発電所

荒浜埠頭

力㈱
力発電所

定員3人程度の小さな砂浜。キスが数釣れる

黒井新堤

黒井第１突堤
黒井第２突堤
黒井第３突堤

新堀川河口

黒井第４突堤
立入禁止

大潟漁港

大潟運動広場
渋柿場球場公園
上小船津浜北公園
大潟区

円蔵寺
恵光寺
諏訪神社

129

犀潟郵便局

上越警察署
犀潟駐在所

夷浜簡易郵便局

信光寺

468

浦小

JR信越本線

犀潟駅
犀潟駅南公園

さいがた医療センター

新堀川公園

8

P

北越急行ほくほく線

253

潟川

頸城区

八幡神社

西泉寺

諏訪神社

新堀川

北陸自動車道

E8

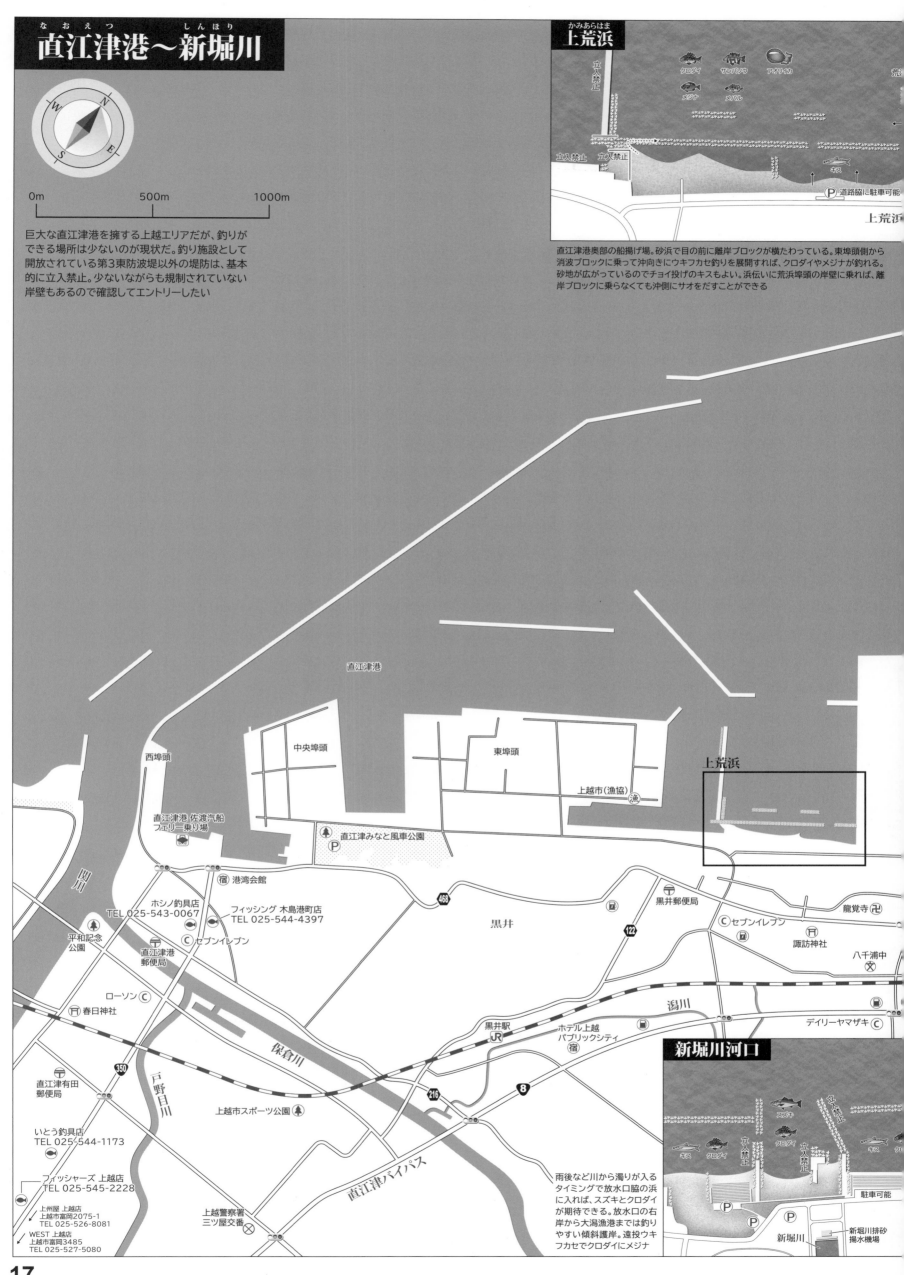

直江津港～新堀川
（なおえつ）（しんほり）

0m　500m　1000m

巨大な直江津港を擁する上越エリアだが、釣りができる場所は少ないのが現状だ。釣り施設として開放されている第3東防波堤以外の堤防は、基本的に立入禁止。少ないながらも規制されていない岸壁もあるので確認してエントリーしたい

上荒浜
（かみあらはま）

クロダイ　サンバソウ　アオリイカ
メジナ　メバル　キス

立入禁止　立入禁止　立入禁止

道路脇に駐車可能

上荒浜

直江津港奥部の船揚げ場。砂浜で目の前に離岸ブロックが横たわっている。東埠頭側から消波ブロックに乗って沖向きにウキフカセ釣りを展開すれば、クロダイやメジナが釣れる。砂地が広がっているのでチョイ投げのキスもよい。浜伝いに荒浜埠頭の岸壁に乗れば、離岸ブロックに乗らなくても沖側にサオをだすことができる

直江津港

西埠頭

中央埠頭

東埠頭

上荒浜

上越市（漁協）

直江津港 佐渡汽船
フェリー乗り場

直江津みなと風車公園

関川

港湾会館

ホシノ釣具店
TEL 025-543-0067

フィッシング 木島港町店
TEL 025-544-4397

セブンイレブン

黒井

黒井郵便局

龍覚寺

セブンイレブン

諏訪神社

八千浦中

平和記念公園

直江津港郵便局

ローソン

春日神社

戸野目川

保倉川

黒井駅

ホテル上越
パブリックシティ

潟川

デイリーヤマザキ

直江津有田郵便局

いとう釣具店
TEL 025-544-1173

上越市スポーツ公園

直江津バイパス

新堀川河口

スズキ

クロダイ

キス　クロダイ

メジナ　メバル　立入禁止　キス

立入禁止　立入禁止

駐車可能

新堀川

新堀川排砂揚水機場

フィッシャーズ 上越店
TEL 025-545-2228

上州屋 上越店
上越市富岡2075-1
TEL 025-526-8081

WEST 上越店
上越市富岡3485
TEL 025-527-5080

上越警察署
三ツ屋交番

雨後など川から濁りが入るタイミングで放水口脇の浜に入れば、スズキとクロダイが期待できる。放水口の右岸から大潟漁港までは釣りやすい傾斜護岸。遠投ウキフカセでクロダイにメジナ

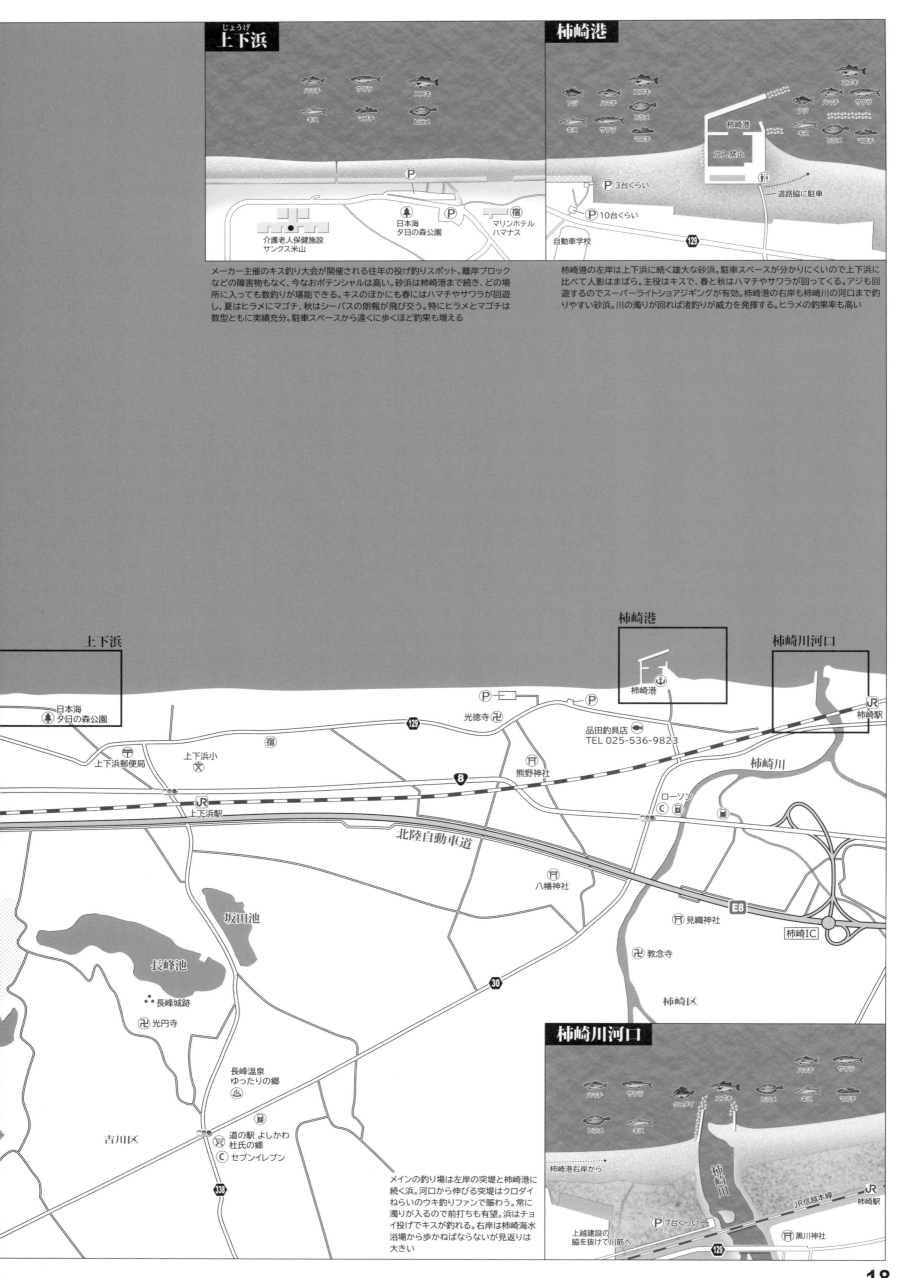

上下浜 (じょうげ)

上下浜 / ハマチ / サワラ / スズキ / キス / マゴチ / ヒラメ

介護老人保健施設 サンクス米山
日本海 夕日の森公園
マリンホテル ハマナス

メーカー主催のキス釣り大会が開催される往年の投げ釣りスポット。離岸ブロックなどの障害物もなく、今なおポテンシャルは高い。砂浜は柿崎港まで続き、どの場所に入っても数釣りが堪能できる。キスのほかにも春にはハマチやサワラが回遊し、夏はヒラメにマゴチ、秋はシーバスの朗報が飛び交う。特にヒラメとマゴチは数型ともに実績充分。駐車スペースから遠くに歩くほど釣果も増える

柿崎港

アジ / ハマチ / スズキ / アジ / ハマチ / サワラ / キス / サワラ / ヒラメ / キス / ヒラメ / マゴチ / マゴチ
柿崎港
立入禁止
P 3台くらい
P 10台くらい
自動車学校
129
道路脇に駐車

柿崎港の左岸は上下浜に続く雄大な砂浜。駐車スペースが分かりにくいので上下浜に比べて人影はまばら。主役はキスで、春と秋はハマチやサワラが回ってくる。アジも回遊するのでスーパーライトショアジギングが有効。柿崎港の右岸も柿崎川の河口まで釣りやすい砂浜。川の濁りが回れば渚釣りが威力を発揮する。ヒラメの釣果率も高い

(メインマップ)

上下浜
日本海 夕日の森公園
上下浜郵便局
上下浜小
宿
129
光徳寺
品田釣具店 TEL 025-536-9823
熊野神社
8
柿崎港
柿崎港
柿崎川河口
JR
柿崎駅
柿崎川
ローソン
北陸自動車道
JR 上下浜駅
八幡神社
坂田池
長峰池
E8
柿崎IC
長峰城跡
光円寺
見織神社
教念寺
柿崎区
30
長峰温泉 ゆったりの郷
吉川区
道の駅 よしかわ 杜氏の郷
セブンイレブン
338

柿崎川河口

ハマチ / サワラ / ハマチ / サワラ / クロダイ / スズキ / ヒラメ / キス / マゴチ / ヒラメ / キス
柿崎川
柿崎港右岸から
P 7台くらい
上越建設の脇を抜けて川筋へ
黒川神社
JR信越本線
JR 柿崎駅
129

メインの釣り場は左岸の突堤と柿崎港に続く浜。河口から伸びる突堤はクロダイねらいのウキ釣りファンで賑わう。常に濁りが入るので前打ちも有望。浜はチョイ投げでキスが釣れる。右岸は柿崎海水浴場から歩かねばならないが見返りは大きい

18

土底浜古屋敷 海岸公園～柿崎川

0m　　500m　　1000m

全国に知られるキス釣りフィールド・上下浜を中心に投げ釣り向けの砂浜が広がる。最近はフラットフィッシュゲームやショアジギングの人気が高まり、キャスターよりもルアーマンのほうが多い。海水浴場として整備されているので駐車場は広く、トイレも設置されている。女性の釣行も安心だ

土底浜古屋敷海岸公園

公園の駐車場から海岸に下りていくと消波ブロック帯の護岸に出られる。ウキフカセ釣りでクロダイにメジナ。100m沖に大規模な人工リーフが沈んでおり、魚の寄りは抜群。青ものの回遊も期待できる。チョイ投げのキス、メバルやカサゴの穴釣りも面白い

鵜の浜海

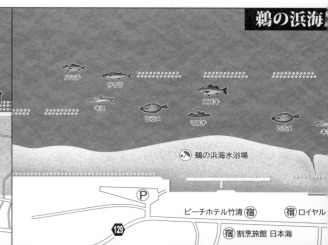

上下浜の西に隣接する海岸。100mほど沖に並ぶ離岸ブロックの手前を探ればキスの連掛け。遠投派はロイヤルホテル前がおすすめ。離岸ブロックがないので浜は削れているが、前方が開けている。青ものの回遊も多く、ショアジギングスポットとしても人気

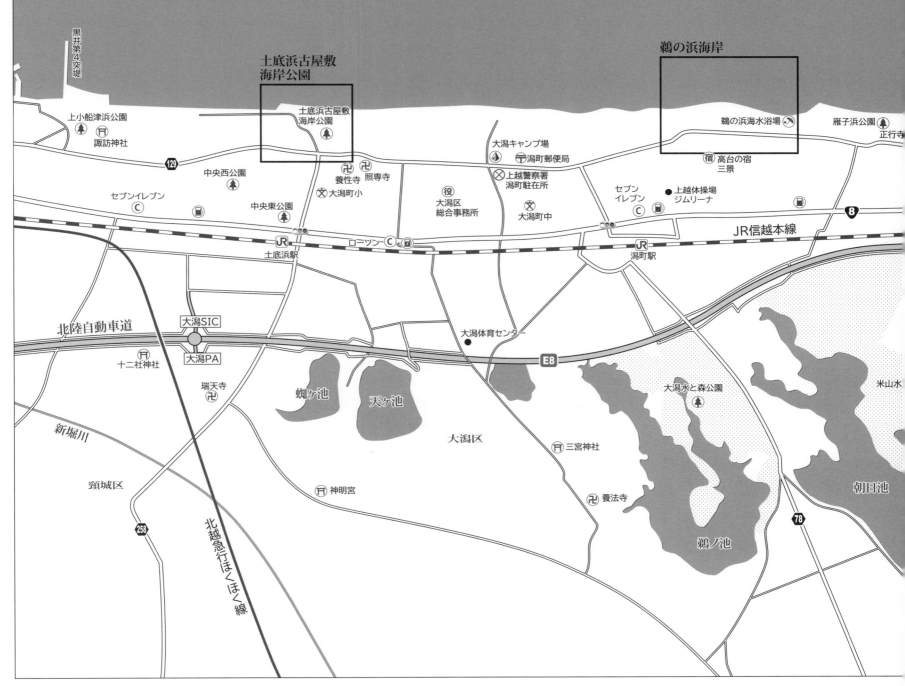

19

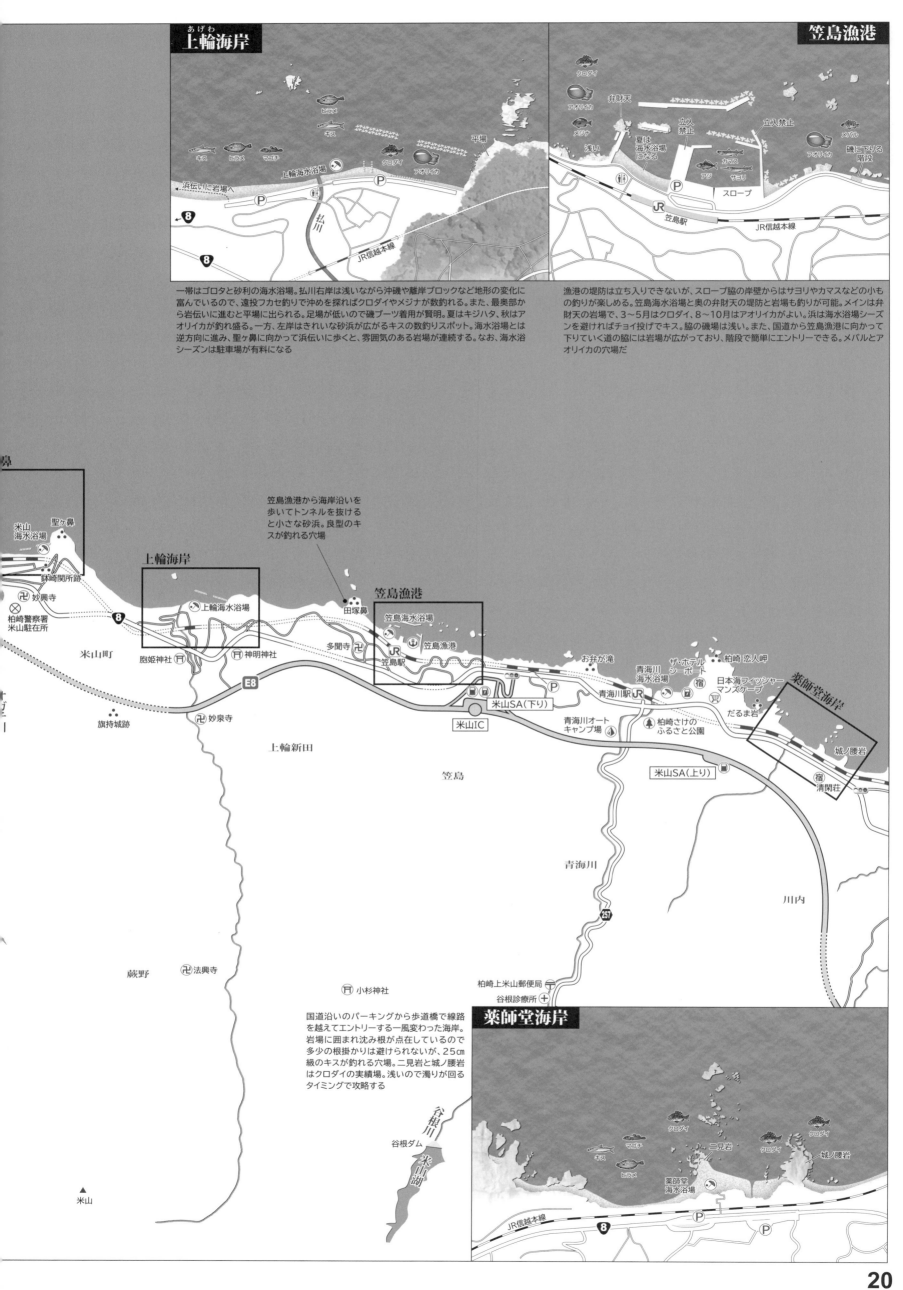

上輪海岸（あげわ）

一帯はゴロタと砂利の海水浴場。払川右岸は浅いながら沖磯や離岸ブロックなど地形の変化に富んでいるので、遠投フカセ釣りで沖めを探ればクロダイやメジナが数釣れる。また、最奥部から岩伝いに進むと平場に出られる。足場が低いので磯ブーツ着用が賢明。夏はキジハタ、秋はアオリイカが釣れ盛る。一方、左岸はきれいな砂浜が広がるキスの数釣りスポット。海水浴場とは逆方向に進み、聖ヶ鼻に向かって浜伝いに歩くと、雰囲気のある岩場が連続する。なお、海水浴シーズンは駐車場が有料になる

笠島漁港

漁港の堤防は立ち入りできないが、スロープ脇の岸壁からはサヨリやカマスなどの小もの釣りが楽しめる。笠島海水浴場と奥の弁財天の堤防と岩場も釣りが可能。メインは弁財天の岩場で、3〜5月はクロダイ、8〜10月はアオリイカがよい。浜は海水浴場シーズンを避ければチョイ投げでキス。脇の磯場は浅い。また、国道から笠島漁港に向かって下りていく道の脇には岩場が広がっており、階段で簡単にエントリーできる。メバルとアオリイカの穴場だ

笠島漁港から海岸沿いを歩いてトンネルを抜けると小さな砂浜。良型のキスが釣れる穴場

薬師堂海岸

国道沿いのパーキングから歩道橋で線路を越えてエントリーする一風変わった海岸。岩場に囲まれ沈み根が点在しているので多少の根掛かりは避けられないが、25cm級のキスが釣れる穴場。二見岩と城ノ腰岩はクロダイの実績場。浅いので濁りが回るタイミングで攻略する

柿崎海岸～薬師堂海岸

柿崎川から聖ヶ鼻に至るまで延々と砂浜が続くが、信越本線が海岸沿いを走っているので、5kmほどの間に入れるのは柿崎中央海水浴場と米山海水浴場の2箇所。装備をまとめて探り歩けば好釣果は堅い。聖ヶ鼻を過ぎると柏崎港まで岩礁帯が続く。体力的にしんどい入り組んだフィールドも見られるが、魚のストック量は多い

柿崎海岸

1本の離岸ブロック帯が横たわる海岸。柿崎川方向に並ぶように200mほどある人工リーフが沈んでいる。春から秋までキスの投げ釣りが楽しめるが、7月中旬から8月下旬にかけては海水浴場として賑わうので釣りは避けたい。駐車場も有料になる。ハマチとサワラの回遊が始まるのは例年4月。秋はサーフエギングが人気。秋から冬にかけてはシーバスの朗報も飛び交う

聖ヶ鼻

直江津から続いた長大な砂浜の終点。岩礁帯が絡むのでキス良型の連掛けが期待できる。地形の変化に富んでいるのでヒラやマゴチをはじめキジハタやメバルなどの根魚も多い。聖ヶ鼻は米山海水浴場から岩場を伝ってエントリーできる。それほどハードではないが万全の装備で臨むこと。ウキフカセ釣りやカゴ釣り、ルアー釣りなど何でも楽しめる

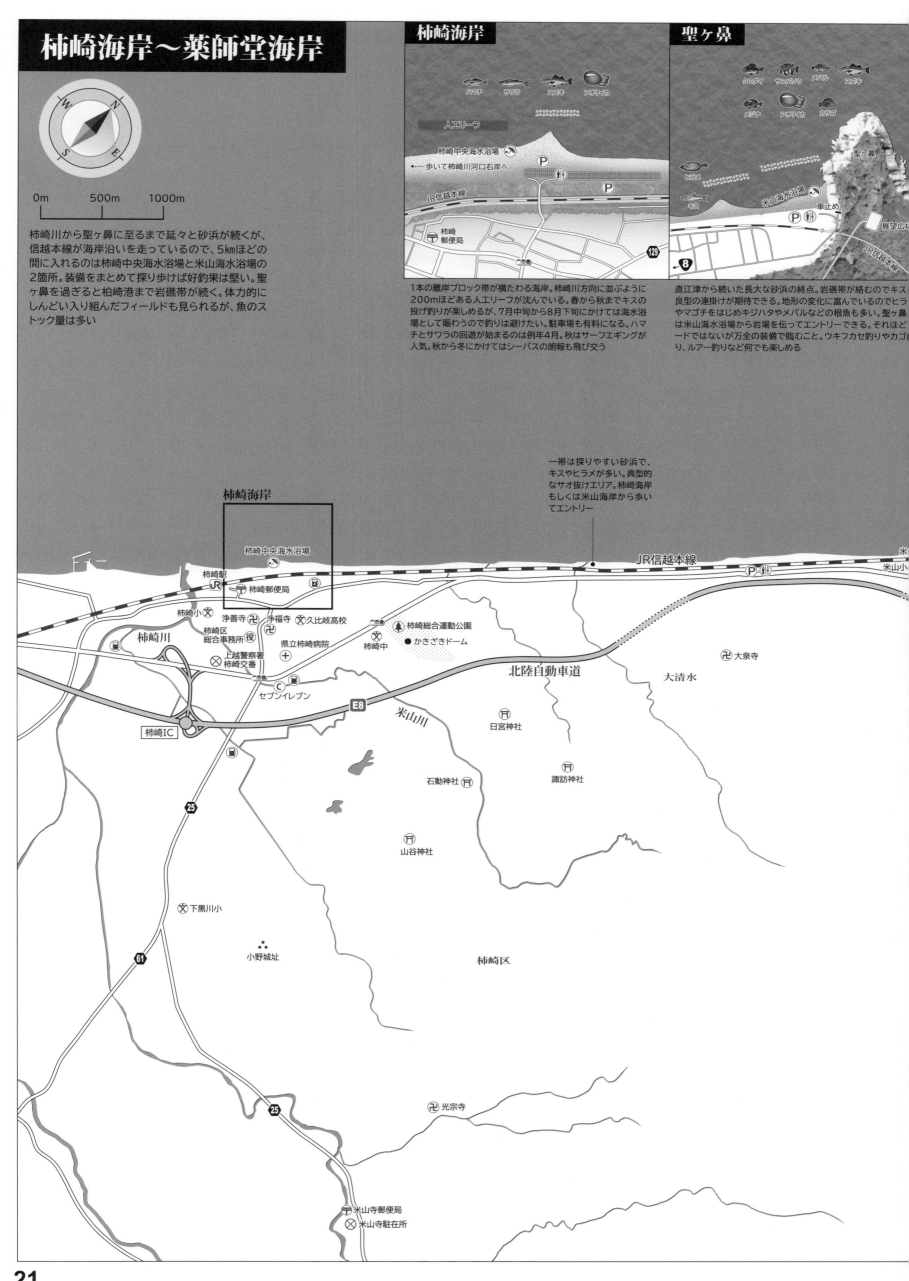

一帯は探りやすい砂浜で、キスやヒラメが多い。典型的なサオ抜けエリア。柿崎海岸もしくは米山海岸から歩いてエントリー

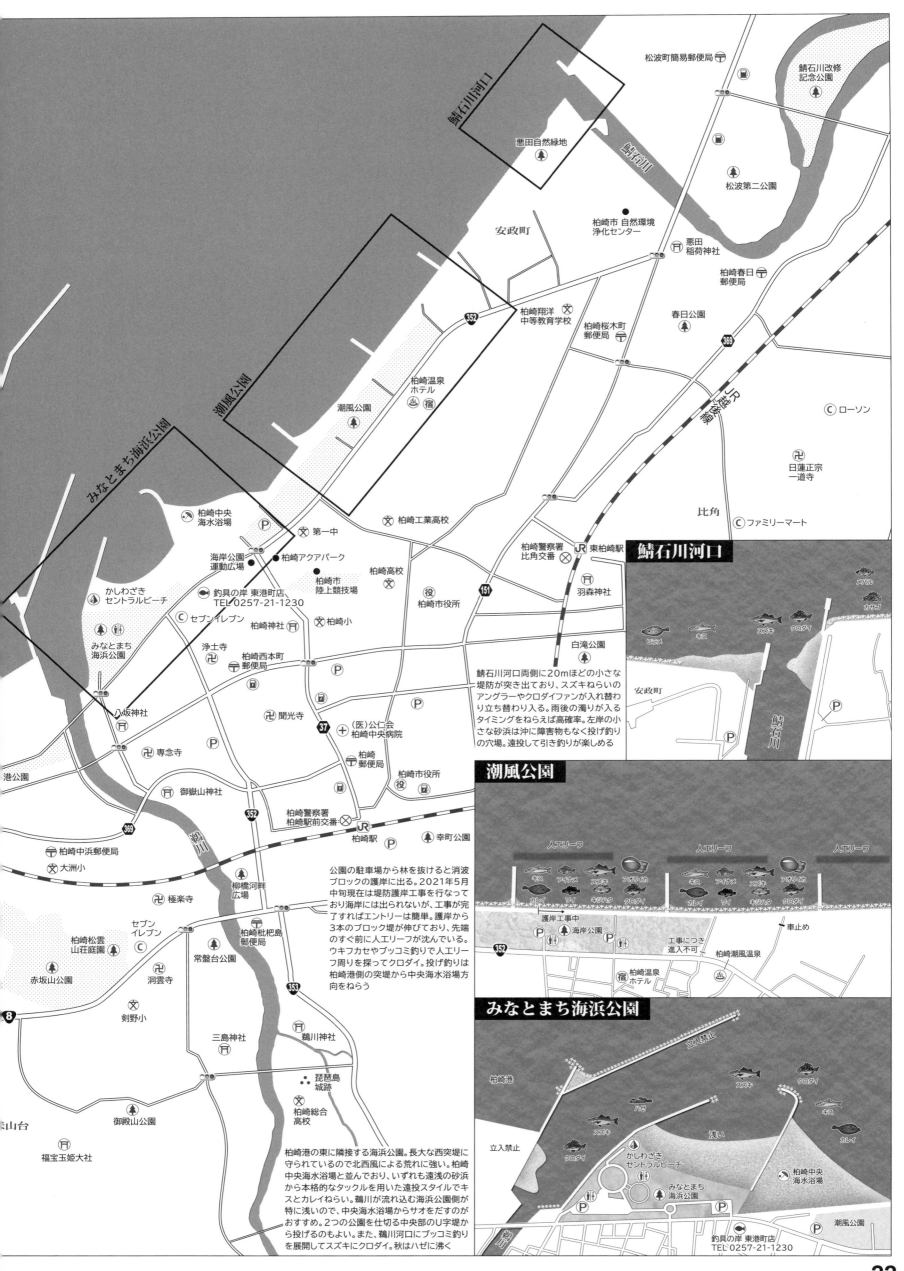

松波町簡易郵便局
鯖石川改修記念公園
悪田自然緑地
鯖石川
松波第二公園
安政町
柏崎市 自然環境浄化センター
悪田稲荷神社
柏崎春日郵便局
春日公園
352
柏崎翔洋中等教育学校
柏崎桜木町郵便局
369
鯖石川河口
潮風公園
柏崎温泉ホテル
潮風公園
JR信越本線
ローソン
日蓮正宗一道寺
比角
ファミリーマート
みなとまち海浜公園
柏崎工業高校
柏崎中央海水浴場
柏崎警察署比角交番
東柏崎駅
第一中
海岸公園運動広場
柏崎アクアパーク
柏崎高校
羽森神社
かしわざきセントラルビーチ
釣具の岸 東港町店
TEL 0257-21-1230
151
役
柏崎市陸上競技場
柏崎市役所
セブンイレブン
柏崎神社
柏崎小
白滝公園
みなとまち海浜公園
浄土寺
柏崎西本町郵便局
八坂神社
聞光寺
(医)公仁会柏崎中央病院
専念寺
37
御嶽山神社
柏崎郵便局
柏崎市役所役
港公園
369
潮川
柏崎中浜郵便局
352
柏崎警察署柏崎駅前交番
JR
柏崎駅
幸町公園
大洲小
柳橋河畔広場
極楽寺
セブンイレブン
柏崎枇杷島郵便局
柏崎松雲山荘庭園
常盤台公園
赤坂山公園
洞雲寺
353
8
剣野小
三島神社
鵜川神社
琵琶島城跡
御殿山公園
柏崎総合高校
福宝玉姫大社

鯖石川河口

ヒラメ　キス　スズキ　クロダイ　メバル　カサゴ
安政町
鯖石川
P

鯖石川河口両側に20mほどの小さな堤防が突き出ており、スズキねらいのアングラーやクロダイファンが入れ替わり立ち替わり入る。雨後の濁りが入るタイミングをねらえば高確率。左岸の小さな砂浜は沖に障害物もなく投げ釣りの穴場。遠投して引き釣りが楽しめる

潮風公園

人工リーフ　人工リーフ　人工リーフ
キス　アイナメ　スズキ　アオリイカ　カレイ　ソイ　キジハタ　クロダイ
キス　アイナメ　スズキ　アオリイカ　カレイ　ソイ　キジハタ　クロダイ
護岸工事中
海岸公園
車止め
352
工事につき進入不可
柏崎潮風温泉
柏崎温泉ホテル

公園の駐車場から林を抜けると消波ブロックの護岸に出る。2021年5月中旬現在は堤防護岸工事を行なっており海岸には出られないが、工事が完了すればエントリーは簡単。護岸から3本のブロック堤が伸びており、先端のすぐ前に人工リーフが沈んでいる。ウキフカセやブッコミ釣りで人工リーフ周りを探ってクロダイ。投げ釣りは柏崎港側の突堤から中央海水浴場方向をねらう

みなとまち海浜公園

立入禁止
柏崎港
スズキ　クロダイ
ハゼ
キス
スズキ
浅い
カレイ
立入禁止
クロダイ
かしわざきセントラルビーチ
柏崎中央海水浴場
みなとまち海公園
潮川
潮風公園
釣具の岸 東港町店
TEL 0257-21-1230

柏崎港の東に隣接する海浜公園。長大な西突堤に守られているので北西風による荒れに強い。柏崎中央海水浴場と並んでおり、いずれも遠浅の砂浜から本格的なタックルを用いた遠投スタイルでキスとカレイねらい。鵜川が流れ込む海浜公園側が特に浅いので、中央海水浴場からサオをだすのがおすすめ。2つの公園を仕切る中央部のU字堤から投げるのもよい。また、鵜川河口にブッコミ釣りを展開してスズキにクロダイ。秋はハゼに沸く

鯨波〜鯖石川
（くじらなみ〜さばいし）

0m　　　500m　　　1000m

鯨波一帯は刈羽三山である米山のふもとが海岸に到達したエリアで、岩礁に砂が堆積して地形は入り組んでいる。アオリイカやキジハタなどルアー釣りの人気ターゲットが揃う。エサ釣りもよく、柏崎港にかけてマダイやスズキが釣れる磯が点在する。柏崎港を境に海岸線は砂地が広がり、キス釣り場へと様相を変える

柏崎海浜公園

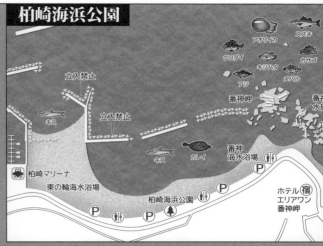

東の輪と番神という2つの海水浴場が並ぶ大規模な海浜公園。駐車場が広くてトイレも3箇所に設置。浜からの投げ釣りでキスとカレイ。遠浅なので全体的に小振り。番神岬の岩礁に乗ればキジハタやアオリイカが望めるが、ノリ畑には入らないように。柏崎マリーナ側L字堤は砂が堆積して地続きになったが立ち入らないこと

鯨波海岸

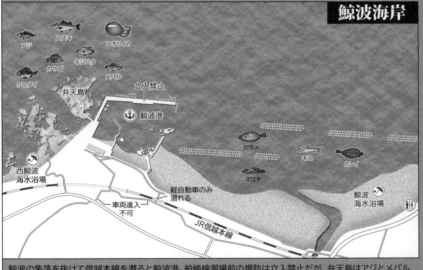

鯨波の集落を抜けて信越本線を潜ると鯨波港。柏崎検潮場前の堤防は立入禁止だが、弁天島はアジとメバルの宝庫。さらに夏はキジハタ、秋はアオリイカもよい。なお、先端周りはノリ畑なので注意すること。鯨波海水浴場はきれいな砂浜でキスとカレイが釣れる。駐車スペースがないので人影もまばら。北に隣接する柏崎海浜公園から歩けば貸し切りだ

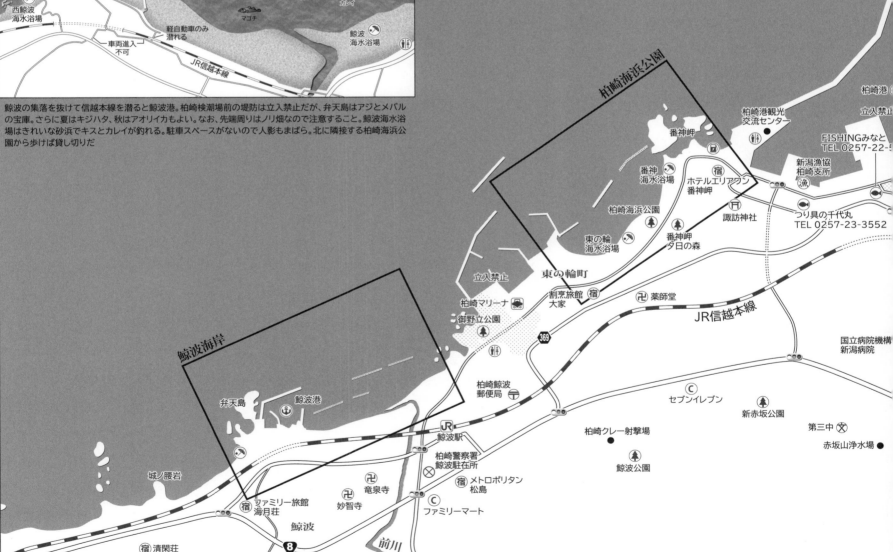

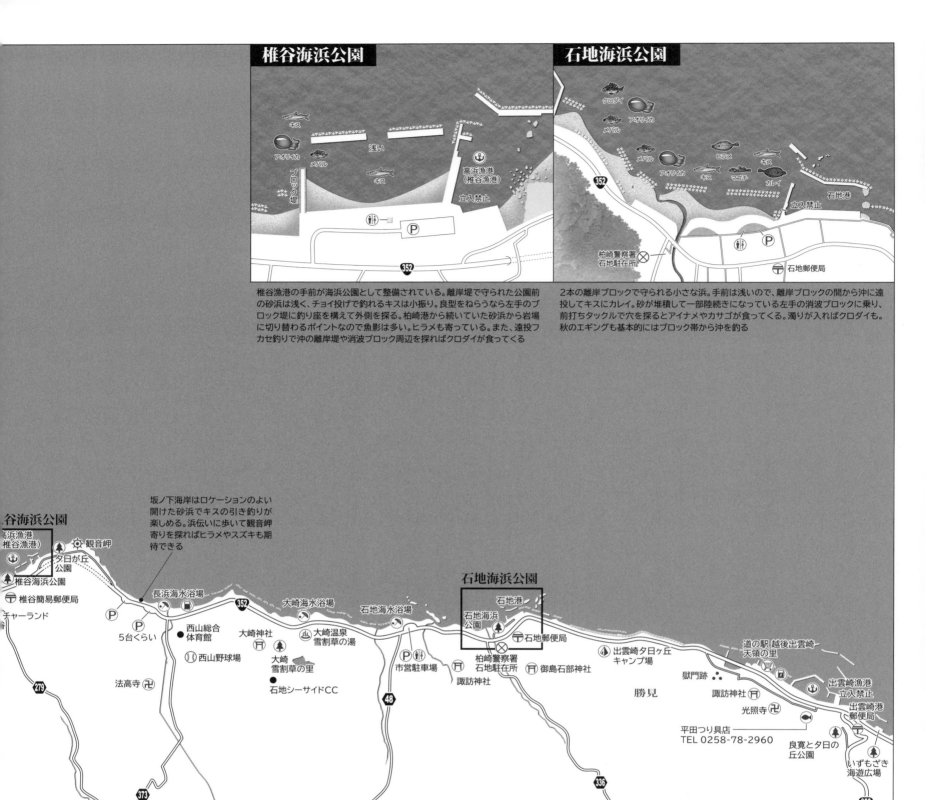

椎谷海浜公園

石地海浜公園

キス
アオリイカ
メバル
ブロック堤
浅い
キス
高浜漁港
(椎谷漁港)
立入禁止
P

クロダイ
アオリイカ
メバル
メバル
ヒラメ
アオリイカ
キス
マゴチ
カレイ
キス
石地港
立入禁止
352
柏崎警察署
石地駐在所
P
石地郵便局

椎谷漁港の手前が海浜公園として整備されている。離岸堤で守られた公園前の砂浜は浅く、チョイ投げで釣れるキスは小振り。良型をねらうなら左手のブロック堤に釣り座を構えて外側を探る。柏崎港から続いていた砂浜から岩場に切り替わるポイントなので魚影は多い。ヒラメも寄っている。また、遠投フカセ釣りで沖の離岸堤や消波ブロック周辺を探ればクロダイが食ってくる

2本の離岸ブロックで守られる小さな浜。手前は浅いので、離岸ブロックの間から沖に遠投してキスにカレイ。砂が堆積して一部陸続きになっている左手の消波ブロックに乗り、前打ちタックルで穴を探るとアイナメやカサゴが食ってくる。濁りが入ればクロダイも。秋のエギングも基本的にはブロック帯から沖を釣る

坂ノ下海岸はロケーションのよい開けた砂浜でキスの引き釣りが楽しめる。浜伝いに歩いて観音岬寄りを探ればヒラメやスズキも期待できる

椎谷海浜公園
高浜漁港 椎谷漁港
観音岬
夕日が丘公園
椎谷海浜公園
椎谷簡易郵便局
チャーランド
長浜海水浴場
大崎海水浴場
石地海水浴場
石地海浜公園
石地港
石地海浜公園
石地郵便局
352
P
5台くらい
P
西山総合体育館
大崎神社
大崎温泉 雪割草の湯
市営駐車場
柏崎警察署 石地駐在所
御島石部神社
道の駅 越後出雲崎 天領の里
出雲崎夕日ヶ丘キャンプ場
獄門跡
諏訪神社
出雲漁港 立入禁止
279
法高寺
西山野球場
大崎 雪割草の里
48
諏訪神社
光照寺
出雲崎港 郵便局
石地シーサイドCC
勝見
平田つり具店
TEL 0258-78-2960
良寛と夕日の丘公園
373
336
出雲崎町
いずもざき 海遊広場
白鳥ふれあい広場
後谷ダム
出雲崎町 町民体育館
出雲崎中
島崎川
小木ノ城駅前 簡易郵便局
稲川神社
出雲崎町役場
出雲崎高校
礼拝駅
顕見前神社
八幡神社
小木ノ城駅
セブンイレブン
出雲崎小
西山中
内郷小
柏崎警察署 別山駐在所
出雲崎駅
礼拝郵便局
別山郵便局
石地駅
小木ノ城跡
三柱神社
出雲崎郵便局
柏崎市 西山町事務所
祐光寺
尾野内神社
116
多岐神社
常磐神社
セブンイレブン
八幡神社
越後國二之宮 二田物部神社
48
釜石神社
西山町
23
小木ノ城跡

荒浜〜勝見

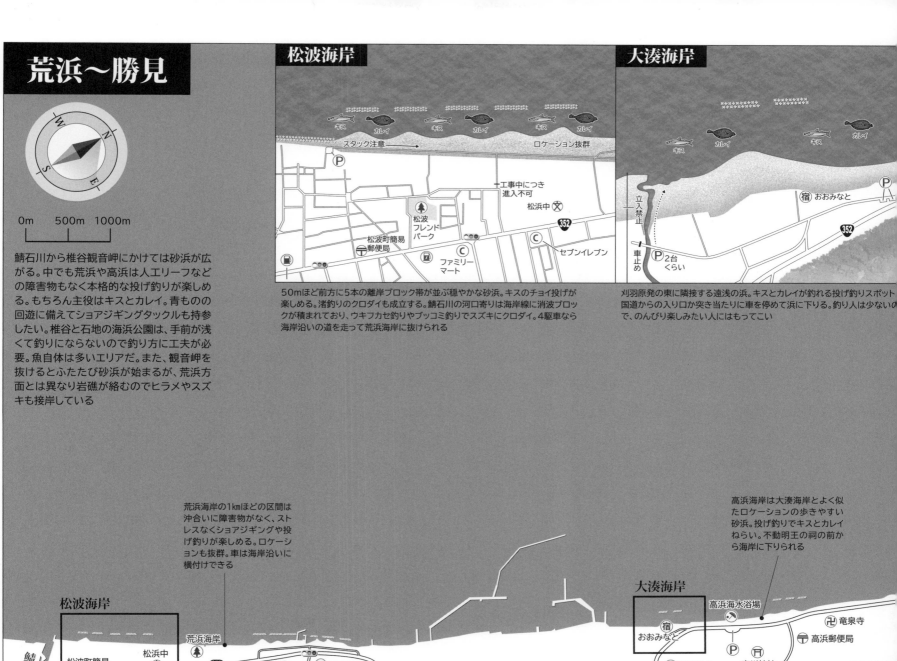

鯖石川から椎谷観音岬にかけては砂浜が広がる。中でも荒浜や高浜は人エリーフなどの障害物もなく本格的な投げ釣りが楽しめる。もちろん主役はキスとカレイ。青ものの回遊に備えてショアジギングタックルも持参したい。椎谷と石地の海浜公園は、手前が浅くて釣りにならないので釣り方に工夫が必要。魚自体は多いエリアだ。また、観音岬を抜けるとふたたび砂浜が始まるが、荒浜方面とは異なり岩礁が絡むのでヒラメやスズキも接岸している

50mほど前方に5本の離岸ブロック帯が並ぶ穏やかな砂浜。キスのチョイ投げが楽しめる。渚釣りのクロダイも成立する。鯖石川の河口寄りは海岸線に消波ブロックが積まれており、ウキフカセ釣りやブッコミ釣りでスズキにクロダイ。4駆車なら海岸沿いの道を走って荒浜海岸に抜けられる

刈羽原発の東に隣接する遠浅の浜。キスとカレイが釣れる投げ釣りスポット。国道からの入り口が突き当たりに車を停めて浜に下りる。釣り人は少ないので、のんびり楽しみたい人にはもってこい

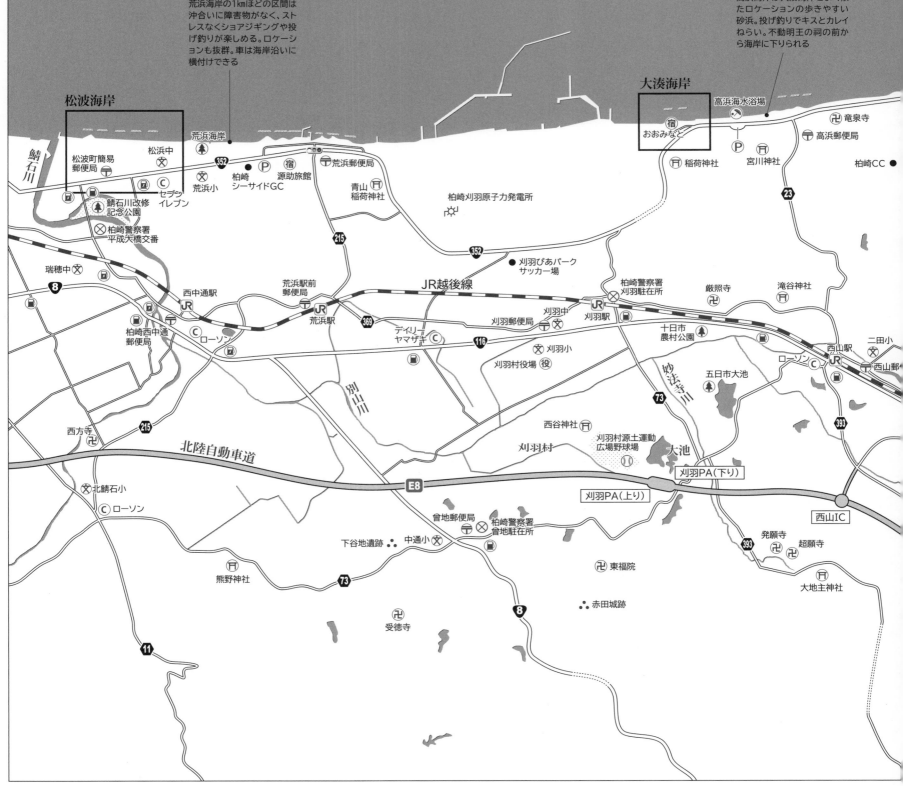

荒浜海岸の1kmほどの区間は沖合いに障害物がなく、ストレスなくショアジギングや投げ釣りが楽しめる。ロケーションも抜群。車は海岸沿いに横付けできる

高浜海岸は大湊海岸とよく似たロケーションの歩きやすい砂浜。投げ釣りでキスとカレイねらい。不動明王の祠の前から海岸に下りられる

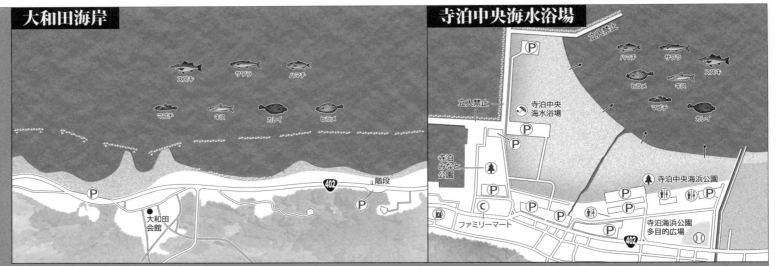

大和田海岸

岩礁帯に砂が堆積する海岸。浜の中央ほどで地続きになっている消波ブロック帯を境に南が砂地、北が岩礁帯。キスねらいの投げ釣りであれば、大和田会館寄りの駐車スペースから海岸に入ると沖まで砂地で釣りやすい。一方、北側の駐車スペース前は岩礁なのでヒラメやアオリイカなどルアー釣り向け

寺泊中央海水浴場

寺泊港の北側に隣接する広い砂浜。国道沿いに建ち並ぶ海の家の脇を抜けて海岸の奥まで車で進める。小さい川を挟んで並ぶ寺泊中央海浜公園は駐車スペースが広くトイレも3箇所に設置されている。キスとカレイの投げ釣りはもちろん、ハマチやサワラなどの青ものが回遊してくる。なお、寺泊港から伸びる堤防には入らないこと

山田海岸磯浜広場は石積みから離岸ブロックを探れる。トップウォーターゲームでメバルにクロダイ

郷本川河口は小場所ながらヒラメが期待できる。左岸に駐車スペースがありエントリーも簡単。こぢんまりした浜ではチョイ投げのキスがよい

フェリー乗り場横の公園に関しては規制がない。沖向きが釣りやすい岸壁でウキフカセ釣りやエギングなどが楽しめる

つり具のトミー
TEL 0258-75-2721
さくらや釣具店 本店
TEL 0258-75-2228

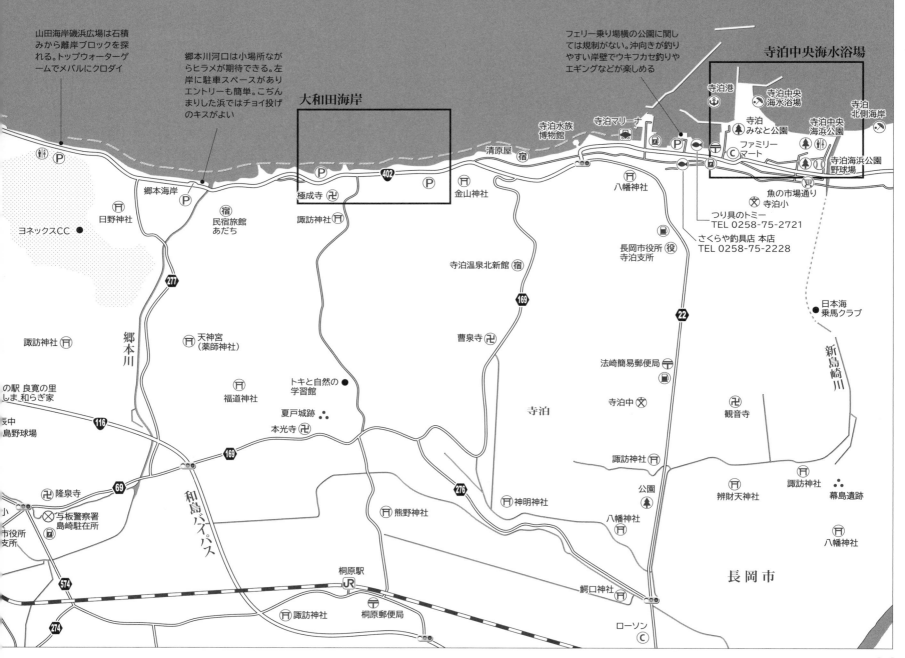

出雲崎～寺泊港

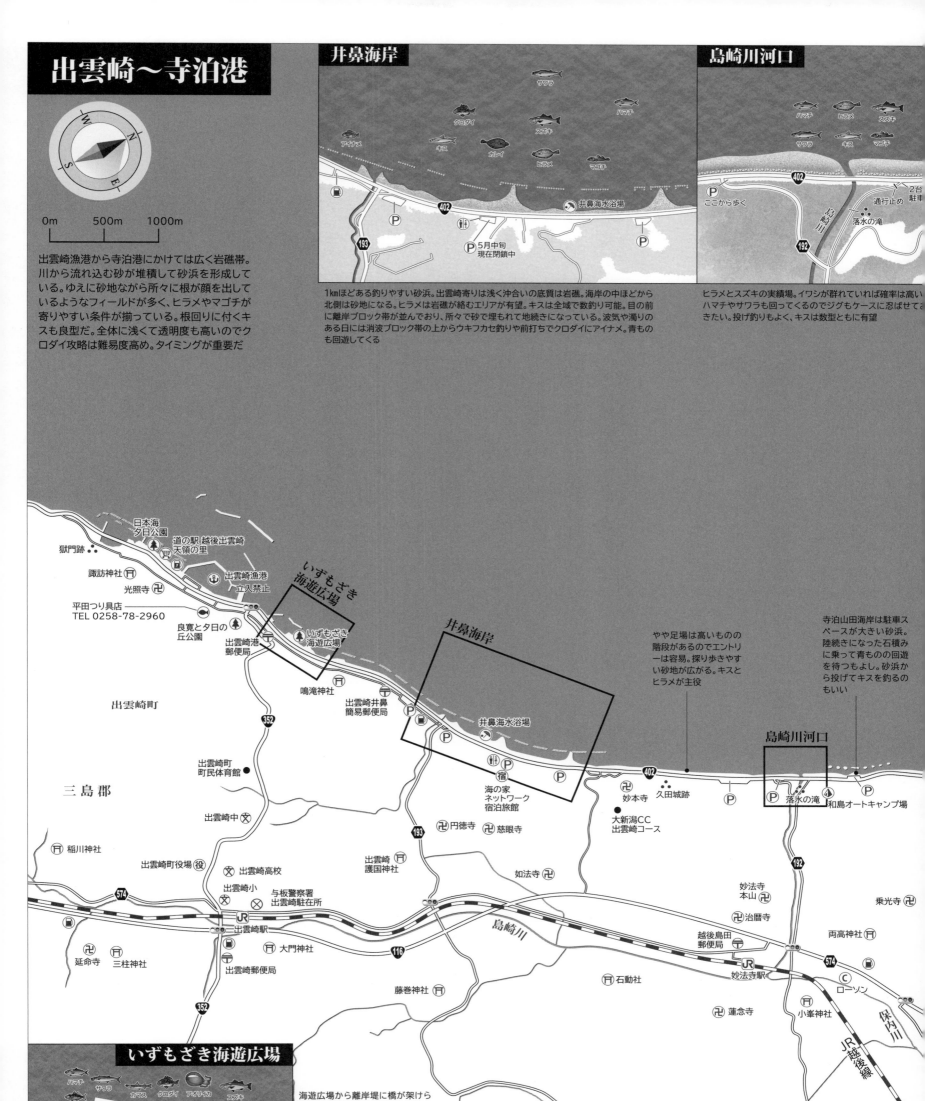

0m 500m 1000m

出雲崎漁港から寺泊港にかけては広く岩礁帯。川から流れ込む砂が堆積して砂浜を形成している。ゆえに砂地ながら所々に根が顔を出しているようなフィールドが多く、ヒラメやマゴチが寄りやすい条件が揃っている。根回りに付くキスも良型だ。全体に浅くて透明度も高いのでクロダイ攻略は難易度高め。タイミングが重要だ

井鼻海岸

1kmほどある釣りやすい砂浜。出雲崎寄りは浅く沖合いの底質は岩礁。海岸の中ほどから北側は砂地になる。ヒラメは岩礁が絡むエリアが有望。キスは全域で数釣り可能。目の前に離岸ブロック帯が並んでおり、所々で砂で埋もれて地続きになっている。波気や濁りのある日には消波ブロック帯の上からウキフカセ釣りや前打ちでクロダイにアイナメ。青ものも回遊してくる

島崎川河口

ヒラメとスズキの実績場。イワシが群れていれば確率は高い。ハマチやサワラも回ってくるのでジグもケースに忍ばせてきたい。投げ釣りもよく、キスは数型ともに有望

やや足場は高いものの階段があるのでエントリーは容易。探り歩きやすい砂地が広がる。キスとヒラメが主役

寺泊山田海岸は駐車スペースが大きい砂浜。陸続きになった石積みに乗って青ものの回遊を待つもよし。砂浜から投げてキスを釣るのもいい

いずもざき海遊広場

海遊広場から離岸堤に橋が架けられ、釣り施設として無料で開放されている。全体に浅く岩礁に囲まれているので投げ釣りやカゴ釣りなどは難しい。ハマチやサワラが回遊するので沖向きにショアジギングのアングラーが並ぶ。マヅメ時はアジやアオリイカなども期待できる。手のひらサイズのメジナがサオ下に群れるので、ビギナーにはのべザオのウキ釣りがおすすめ。ウキフカセ釣りは遠投してクロダイ

【いずもざき海遊広場】
使用期間:4月1日～11月30日
開放時間:日の出～日没

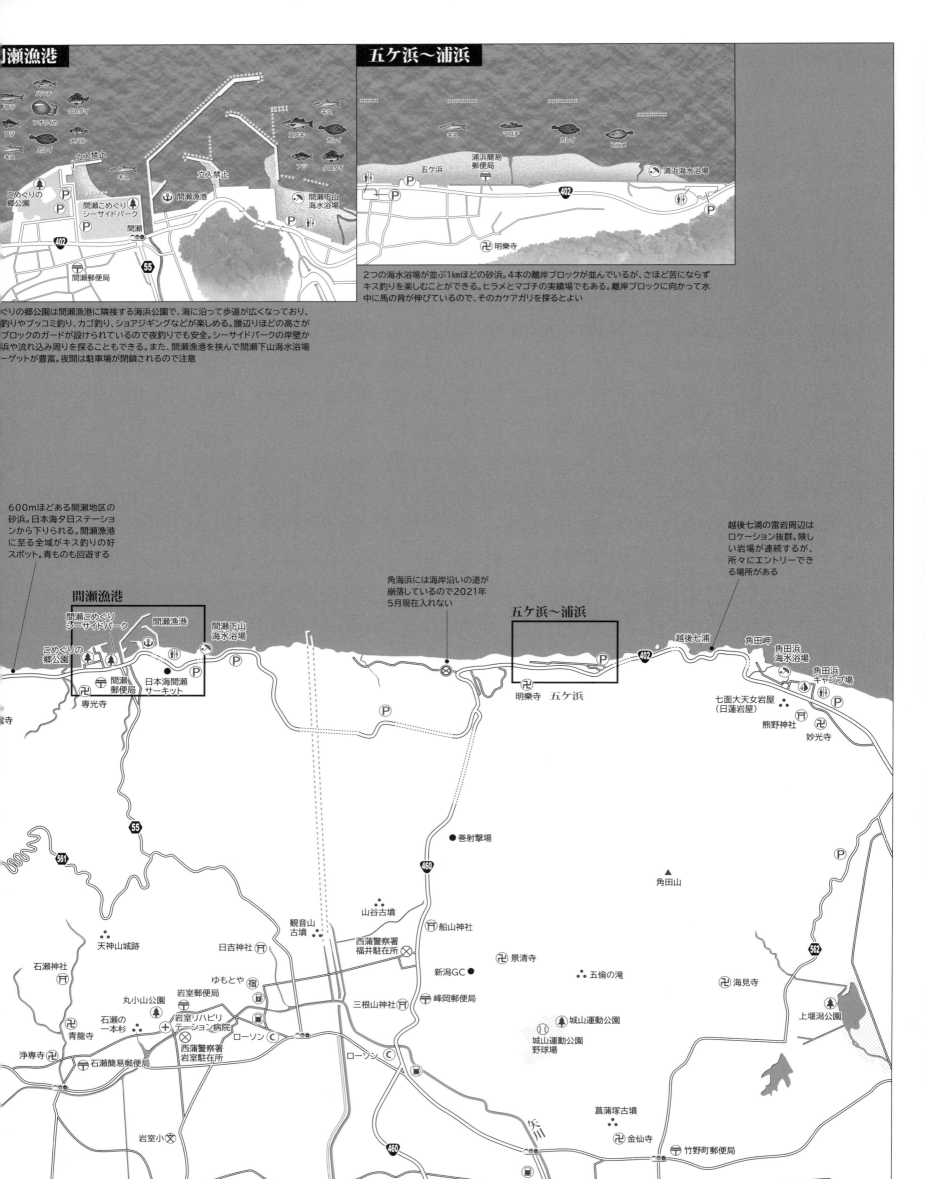

五ケ浜〜浦浜

ハマチ
ブラ
クロダイ
アジ
アオリイカ
メバル
キス
カレイ
立入禁止
こめぐりの郷公園
P
間瀬こめぐり
シーサイドパーク
間瀬
間瀬漁港
402
間瀬郵便局
55

ブリ
キス
スズキ
カレイ
アジ
クロダイ
立入禁止
間瀬漁港
間瀬下山
海水浴場
P
P

キス
マゴチ
カレイ
ヒラメ
浦浜簡易
郵便局
五ケ浜
浦浜海水浴場
402
P
P
明樂寺

ぐりの郷公園は間瀬漁港に隣接する海浜公園で、海に沿って歩道が広くなっており、
釣りやブッコミ釣り、カゴ釣り、ショアジギングなどが楽しめる。腰辺りほどの高さが
ブロックのガードが設けられているので夜釣りでも安全。シーサイドパークの岸壁か
浜や流れ込み周りを探ることもできる。また、間瀬漁港を挟んで間瀬下山海水浴場
ーゲットが豊富。夜間は駐車場が閉鎖されるので注意

2つの海水浴場が並ぶ1kmほどの砂浜。4本の離岸ブロックが並んでいるが、さほど苦にならず
キス釣りを楽しむことができる。ヒラメとマゴチの実績場でもある。離岸ブロックに向かって水
中に馬の背が伸びているので、そのカケアガリを探るとよい

600mほどある間瀬地区の
砂浜。日本海夕日ステーシ
ョンから下りられる。間瀬漁港
に至る全域がキス釣りの好
スポット。青ものも回遊する

角海浜には海岸沿いの道が
崩落しているので2021年
5月現在入れない

越後七浦の雷岩周辺は
ロケーション抜群。険し
い岩場が連続するが、
所々にエントリーでき
る場所がある

間瀬漁港
間瀬こめぐり
シーサイドパーク
間瀬漁港
間瀬下山
海水浴場
こめぐり
の郷公園
P
間瀬
郵便局
日本海間瀬
サーキット
専光寺

五ケ浜〜浦浜
P
402
越後七浦
角田岬
角田浜
海水浴場
角田浜
キャンプ場
P
七面大天女岩屋
(日蓮岩屋)
熊野神社
妙光寺

明樂寺 五ケ浜

P

巻射撃場
460
角田山

山谷古墳
観音山
古墳
西蒲警察署
福井駐在所
船山神社
景清寺
新潟GC
五倫の滝
海見寺

天神山城跡
日吉神社
石瀬神社
ゆもとや
岩室郵便局
三根山神社
峰岡郵便局
城山運動公園
上堰潟公園

丸小山公園
石瀬の
一本杉
青龍寺
岩室リハビリ
テーション病院
ローソン
西蒲警察署
岩室駐在所
城山運動公園
野球場

浄専寺
石瀬簡易郵便局
ローソン
矢川
菖蒲塚古墳
金仙寺
竹野町郵便局

岩室小
岩室中
562
561
562
223
460
296
西蒲区
巻北小
巻南小
矢川ふれあい
公園
ファミリーマート
巻高校
巻西中

新潟市
西川

28

大河津分水路〜越後七浦

おおこうづ

0m 500m 1000m

大河津分水路から越後七浦にかけては背後に山が迫り、入り組んだ岩場と砂浜が連続する。規模が大きい野積海岸や五ケ浜などは、広く探り歩けばキスが群れるサオ抜け場が見つかる。また、エントリーできる場所は限られるが、マダイが釣れる水深のある磯も。大切にしたいのは間瀬漁港隣のこめぐりの郷公園。貴重な堤防釣りスポットだ

獅子ヶ鼻

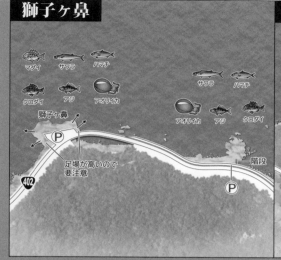

大型のマダイや青ものが回遊する磯。アオリイカやアジなどの寄りも抜群で好釣果に恵まれるスポットだが、足場の高い切り立った岩場からサオをだすので、ケガのないように注意すること。200mほど北に足場の低い釣りやすい磯があるので、高場が苦手な人はそちらを推奨

田ノ浦海岸

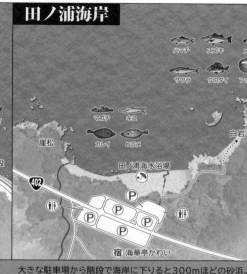

大きな駐車場から階段で海岸に下りると300mほどの砂浜。所々に岩が顔を出し、両サイドは岩場。100mも投げると根掛かりするのでキスねらいはチョイ投げスタイルがよい。ヒラメやマゴチも寄っている。条件が揃っている渚釣りのクロダイは鉄板。また、海に向かって右手の小さな山を越えると白岩。青ものやスズキ、アオリイカなどが釣れるので、荷物をまとめてエントリーしたい

大河津分水路禁漁区の目印となる小突堤から男釜女釜の岬にかけて、離岸ブロックや人工リーフのない美しい砂浜が3kmほど続く。どこに入ってもキスが数・型ともに期待できる投げ釣りの1級エリア。その中で広い駐車スペースとトイレが設置されているのが野積海岸。ヒラメやマゴチ、スズキの実績も多い

浦浜は300mほどの小さな砂浜。大岩が点在するロケーションは抜群で、キスにアオリイカ、クロダイなど、釣り方次第でいろいろねらえる

野積海岸

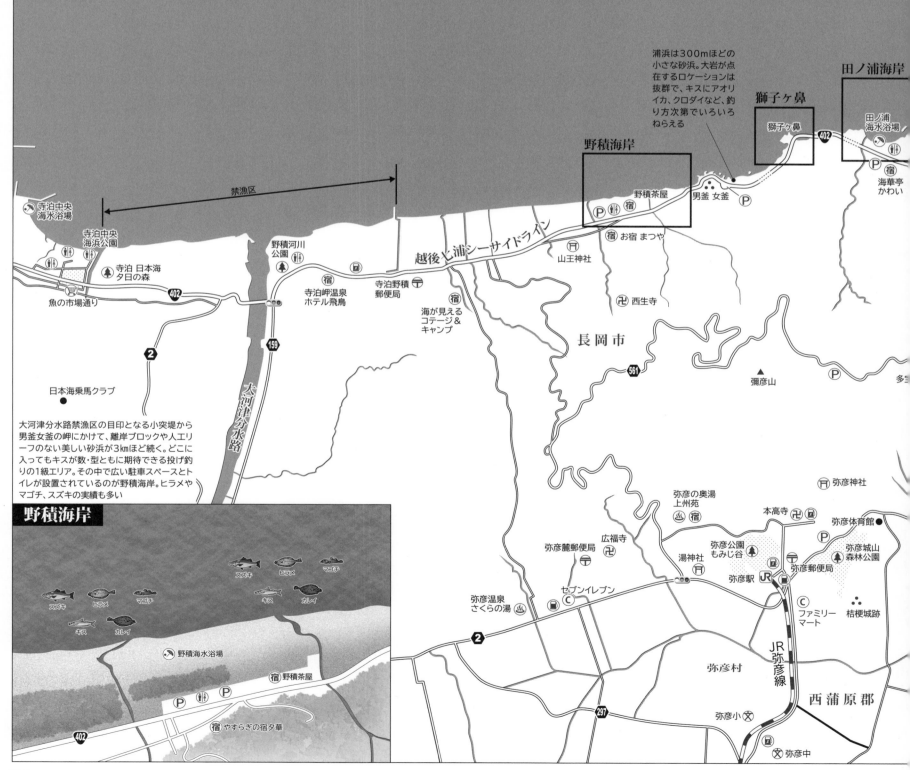

29

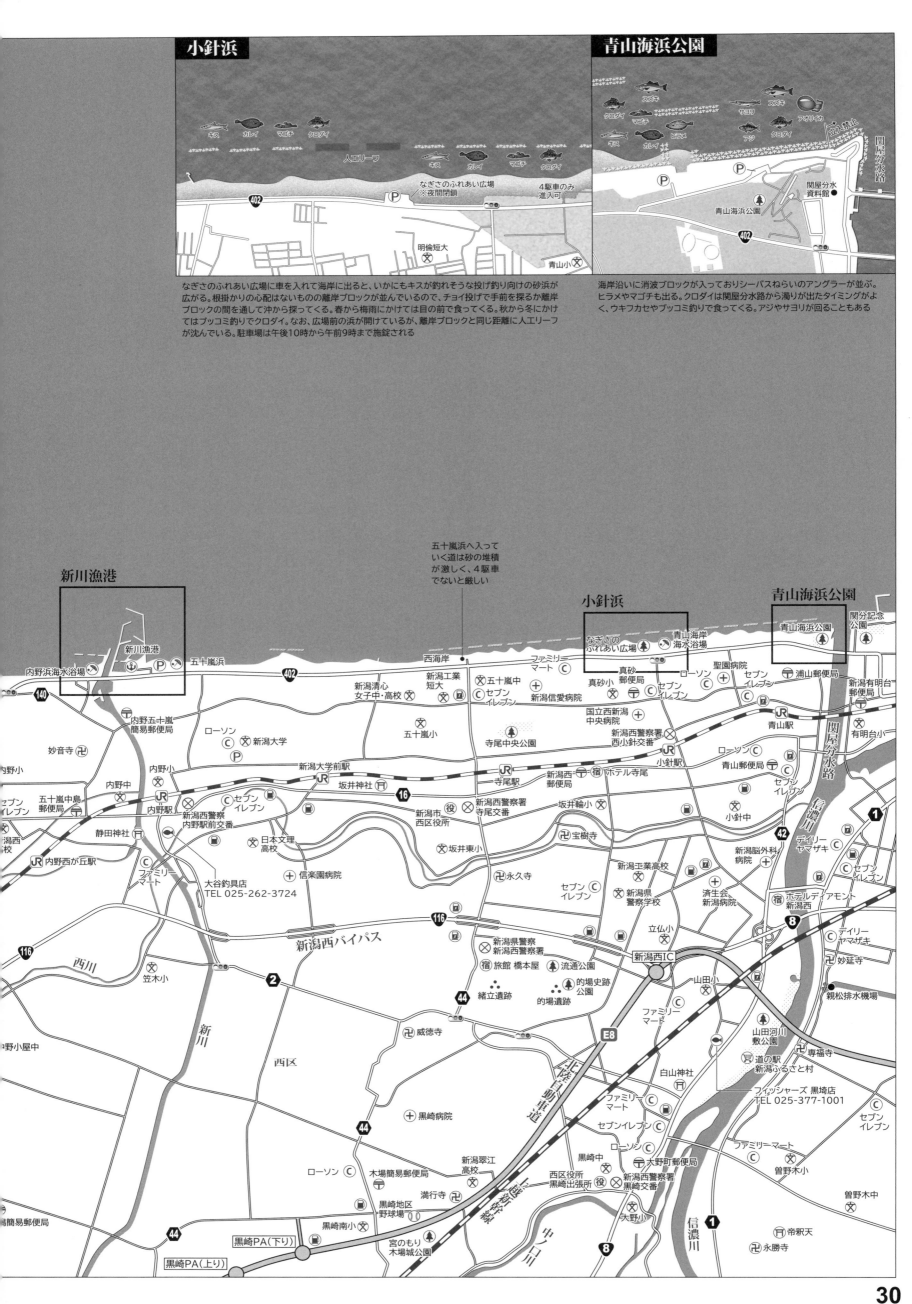

小針浜

キス　カレイ　マゴチ　クロダイ

人エリーフ

キス　カレイ　マゴチ　クロダイ

なぎさのふれあい広場
※夜間閉鎖

4駆車のみ
進入可

402

明倫短大

青山小

なぎさのふれあい広場に車を入れて海岸に出ると、いかにもキスが釣れそうな投げ釣り向けの砂浜が
広がる。根掛かりの心配はないものの離岸ブロックが並んでいるので、チョイ投げで手前を探るか離岸
ブロックの間を通して沖から探ってくる。春から梅雨にかけては目の前で食ってくる。秋から冬にかけ
てはブッコミ釣りでクロダイ。なお、広場前の浜が開けているが、離岸ブロックと同じ距離に人エリーフ
が沈んでいる。駐車場は午後10時から午前9時まで施錠される

青山海浜公園

スズキ　サヨリ　スズキ
クロダイ　マゴチ　ヒラメ　アジ　クロダイ　アオリイカ
キス　カレイ

立入禁止

関屋分水路

関屋分水
資料館

青山海浜公園

402

海岸沿いに消波ブロックが入っておりシーバスねらいのアングラーが並ぶ。
ヒラメやマゴチも出る。クロダイは関屋分水路から濁りが出たタイミングがよ
く、ウキフカセやブッコミ釣りで食ってくる。アジやサヨリが回ることもある

角田浜～青山海浜公園

0m 500m 1000m

刈羽から続いていた海岸沿いの連山も角田山で終わり、本州日本海側最大の面積を誇る越後平野が広がる。関屋分水路までの15kmは延々と砂地が続く。釣りもののメインはキスだが、信濃川から分かれる大河津分水路や関屋分水路が流れ込んでいるのでスズキやクロダイも多い

新川漁港

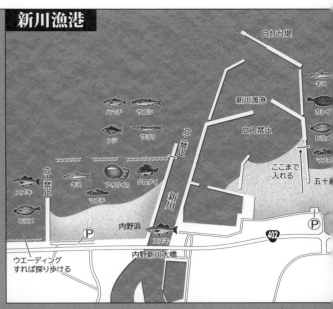

新川漁港の白灯台堤の基部から五十嵐浜方向に投げるとキスやカレイが釣れる。釣ったキスを泳がせればヒラメやマゴチが食ってくる。ルアーでねらうならば、浜に下りて広く探り歩くといい。港内は立ち入れないが内野新川大橋の下は規制もなく、川筋にブッコミ釣りを展開すればスズキやクロダイが食ってくる。港に隣接する内野浜はキスの投げ釣りがよい。ヒラメやマゴチも出る。ウエーダーがあれば海岸沿いに西へ探り歩ける。また、新川河口の堤防手前のブロック堤には青ものが回遊する

角田浜

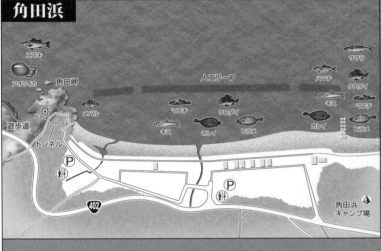

角田岬から北に500mほどある砂浜。浜を覆うように100mほど沖に人エリーフが横たわっており、キスねらいは遠投すると根掛かりするので、チョイ投げタックルで手前を広く探り歩くとよい。ヒラメ、マゴチも多い。角田岬寄りで渚釣りが面白そう。角田岬のトンネルを抜けると磯伝いに遊歩道が続いており、アオリイカやクロダイ、スズキの好スポットになっている。立入禁止の看板は見ないが転落防止の柵もなく、荒れ気味の日は遊歩道まで波が上がってくるので少しでも危険を感じたら立ち入らないようにしたい

四ツ郷屋浜は海岸沿いに車を停められる砂浜。本格的な投げ釣りタックルでキスの引き釣りが楽しめる

防風林が続く越前浜。越前浜海水浴場をはじめ何箇所か海岸に出られる道がある

巻漁港の南側に砂浜が広がっており、キスの投げ釣りを楽しむにはもってこい

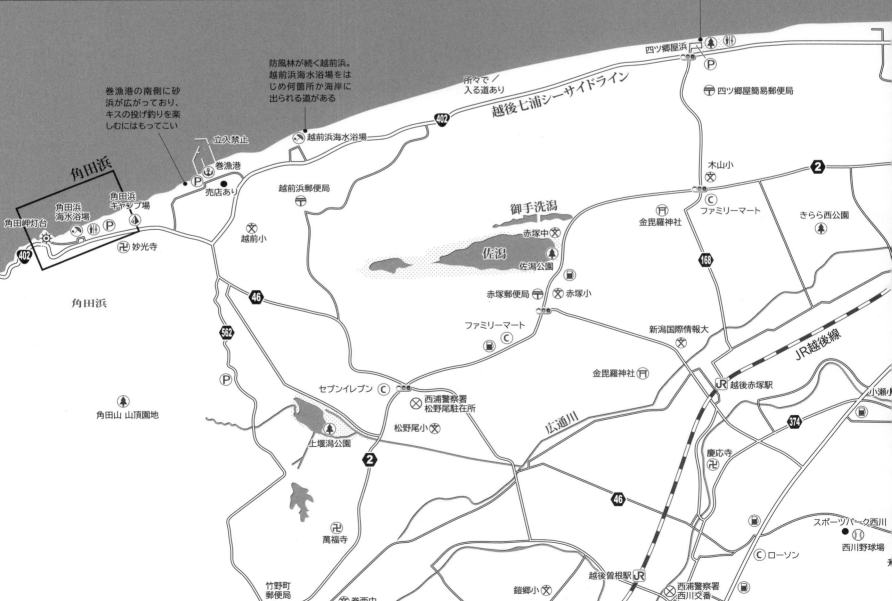

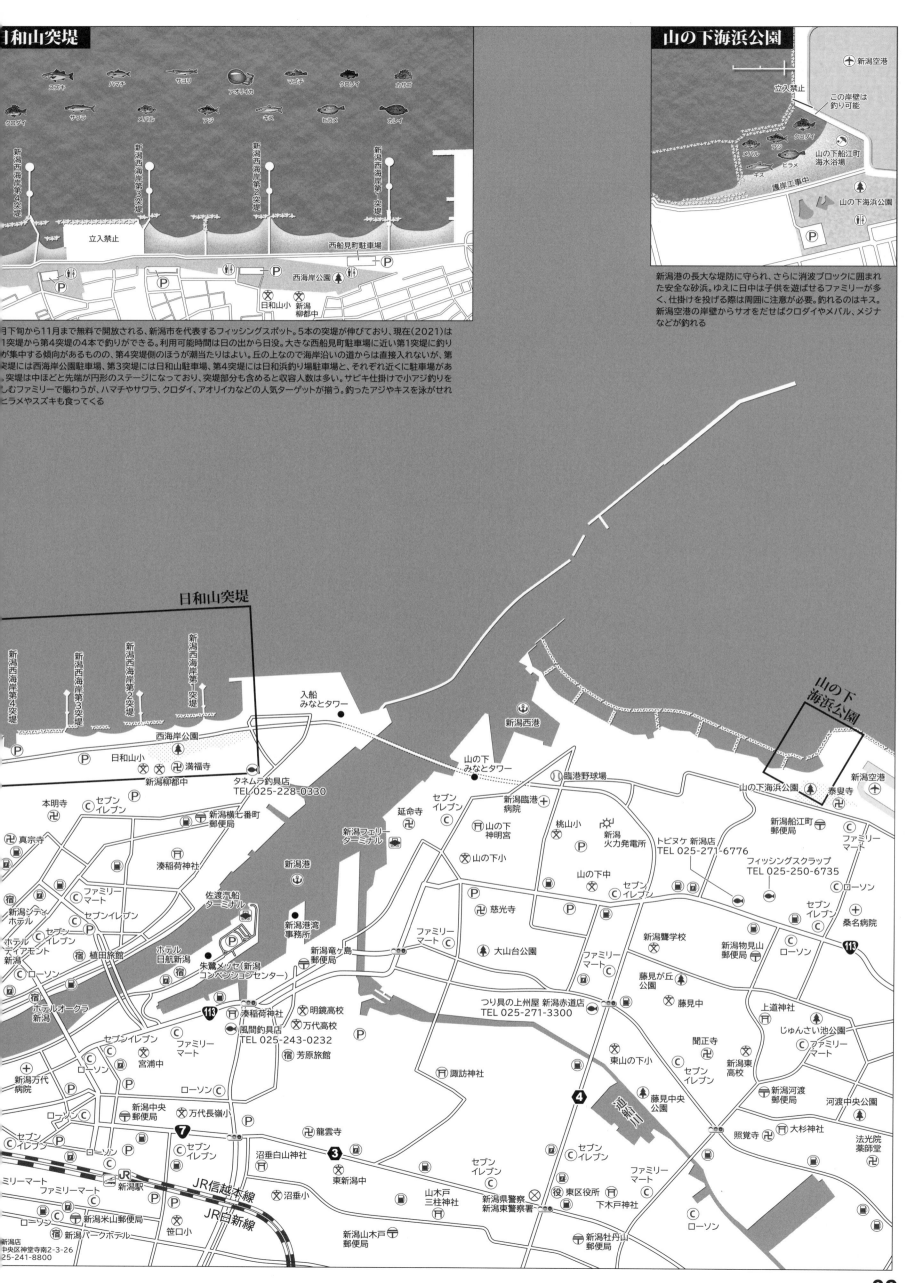

日和山突堤

月下旬から11月まで無料で開放される、新潟市を代表するフィッシングスポット。5本の突堤が伸びており、現在(2021)は第1突堤から第4突堤の4本で釣りができる。利用可能時間は日の出から日没。大きな西船見町駐車場に近い第1突堤に釣りが集中する傾向あるものの、第4突堤のほうが潮当たりはよい。丘の上なので海岸沿いの道からは直接入れないが、第2突堤には西海岸公園駐車場、第3突堤には日和山駐車場、第4突堤には日和浜釣り場駐車場と、それぞれ近くに駐車場がある。突堤は中ほどと先端が円形のステージになっており、突堤部分も含めると収容人数は多い。サビキ仕掛けで小アジ釣りを楽しむファミリーで賑わうが、ハマチやサワラ、クロダイ、アオリイカなどの人気ターゲットが揃う。釣ったアジやキスを泳がせればヒラメやスズキも食ってくる

山の下海浜公園

新潟港の長大な堤防に守られ、さらに消波ブロックに囲まれた安全な砂浜。ゆえに日中は子供を遊ばせるファミリーが多く、仕掛けを投げる際は周囲に注意が必要。釣れるのはキス。新潟空港の岸壁からサオをだせばクロダイやメバル、メジナなどが釣れる

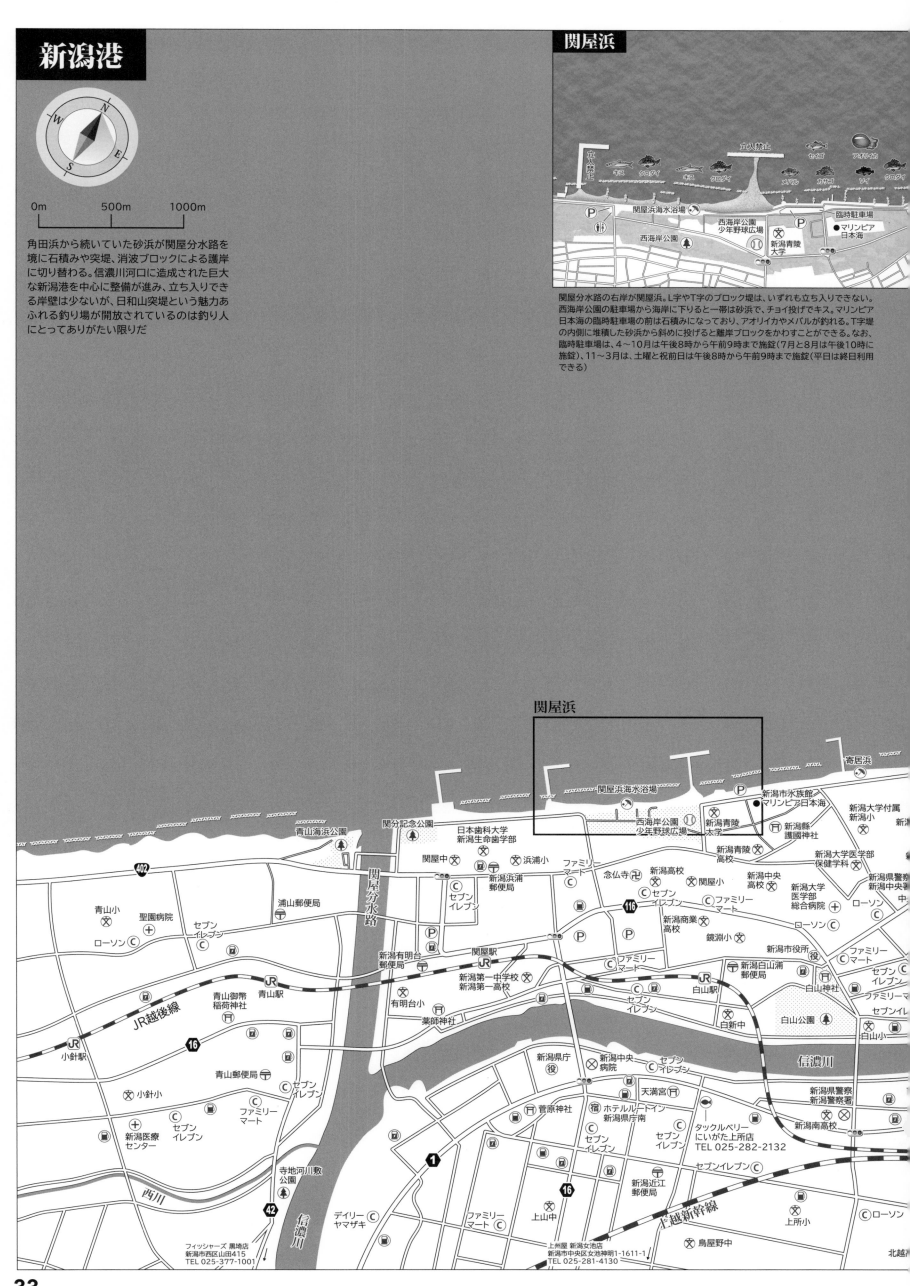

新潟港

角田浜から続いていた砂浜が関屋分水路を境に石積みや突堤、消波ブロックによる護岸に切り替わる。信濃川河口に造成された巨大な新潟港を中心に整備が進み、立ち入りできる岸壁は少ないが、日和山突堤という魅力あふれる釣り場が開放されているのは釣り人にとってありがたい限りだ

関屋浜

関屋分水路の右岸が関屋浜。L字やT字のブロック堤は、いずれも立ち入りできない。西海岸公園の駐車場から海岸に下りると一帯は砂浜で、チョイ投げでキス。マリンピア日本海の臨時駐車場の前は石積みになっており、アオリイカやメバルが釣れる。T字堤の内側に堆積した砂浜から斜めに投げると離岸ブロックをかわすことができる。なお、臨時駐車場は、4〜10月は午後8時から午前9時まで施錠（7月と8月は午後10時に施錠）、11〜3月は、土曜と祝前日は午後8時から午前9時まで施錠（平日は終日利用できる）

フィッシャーズ 黒崎店
新潟市西区山田415
TEL 025-377-1001

上州屋 新潟女池店
新潟市中央区女池神明1-1611-1
TEL 025-281-4130

タックルベリー
にいがた上所店
TEL 025-282-2132

新井郷川河口

左岸の沖向きには立ち入りできないので、左岸からは夜に川筋へブッコミ釣りや電気ウキの流し釣りを展開してスズキ、クロダイをねらう。ライトタックルでアジが望める。日中は投げ釣りでコンスタントにキス。20cm級の良型がまじる。右岸は沖に向かってブロック堤が何本も伸びており、ウキフカセ釣りや前打ちでクロダイが望める。浜からは投げ釣りでキス。なお、河口右岸には太夫浜から海岸伝いに1kmほど歩いて入る

太夫浜

キスの投げ釣りが楽しめる広い砂浜。沖には人工リーフなどの障害物もなく、遠投しての引き釣りが可能。そして浜の中央に2本の消波ブロック帯がブロックで地続きになって並んでおり、クロダイが付いている。ウキフカセや前打ちで複数釣果。新井郷川方向に一定間隔で小突堤が並んでいるが、海岸沿いの道は通行できないので海岸沿いを歩いて探っていく

島見第4突堤

島見浜には大きなブロック突堤が4本並び、クロダイやスズキなどの大ものからアジにメバルといった小ものまで、いろいろな魚が釣れる。どの突堤でも同様の釣果が望めるが、第4突堤が最もスムーズにエントリーでき、駐車スペースの脇にはトイレが設置されている。ちなみに第1から第3突堤は、海辺の森を抜ける道沿いのスペースに車を入れてエントリーする。いずれも突堤の間の浜からは投げ釣りでキスとカレイがねらえる

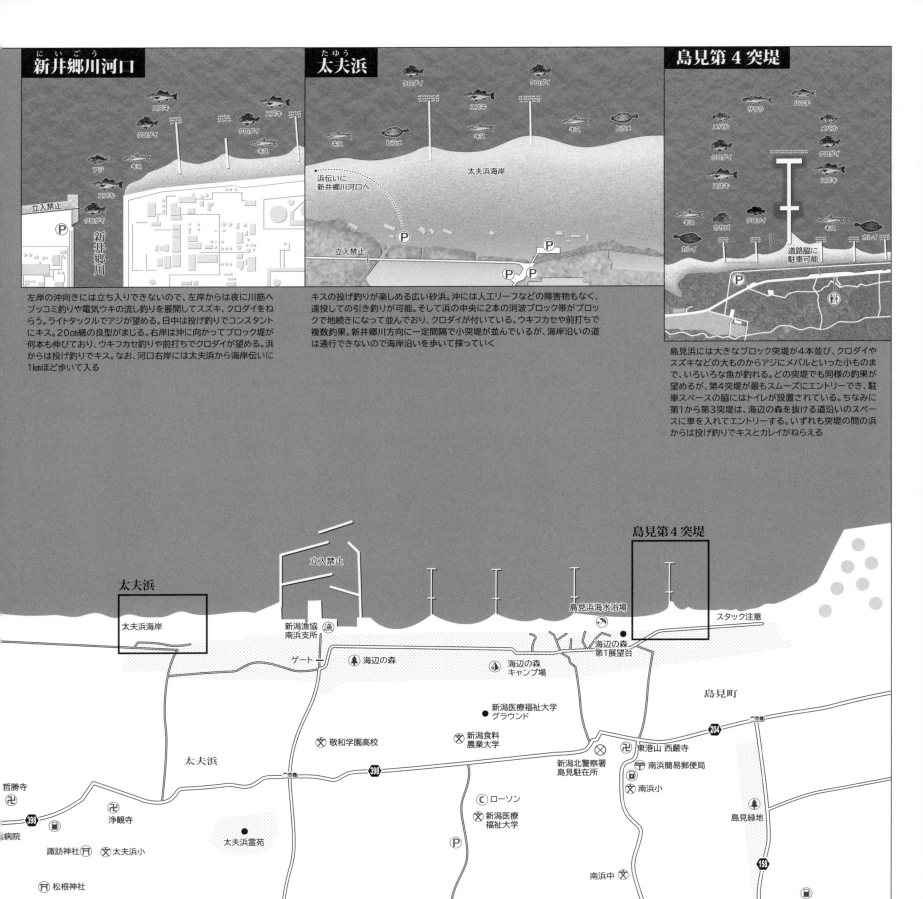

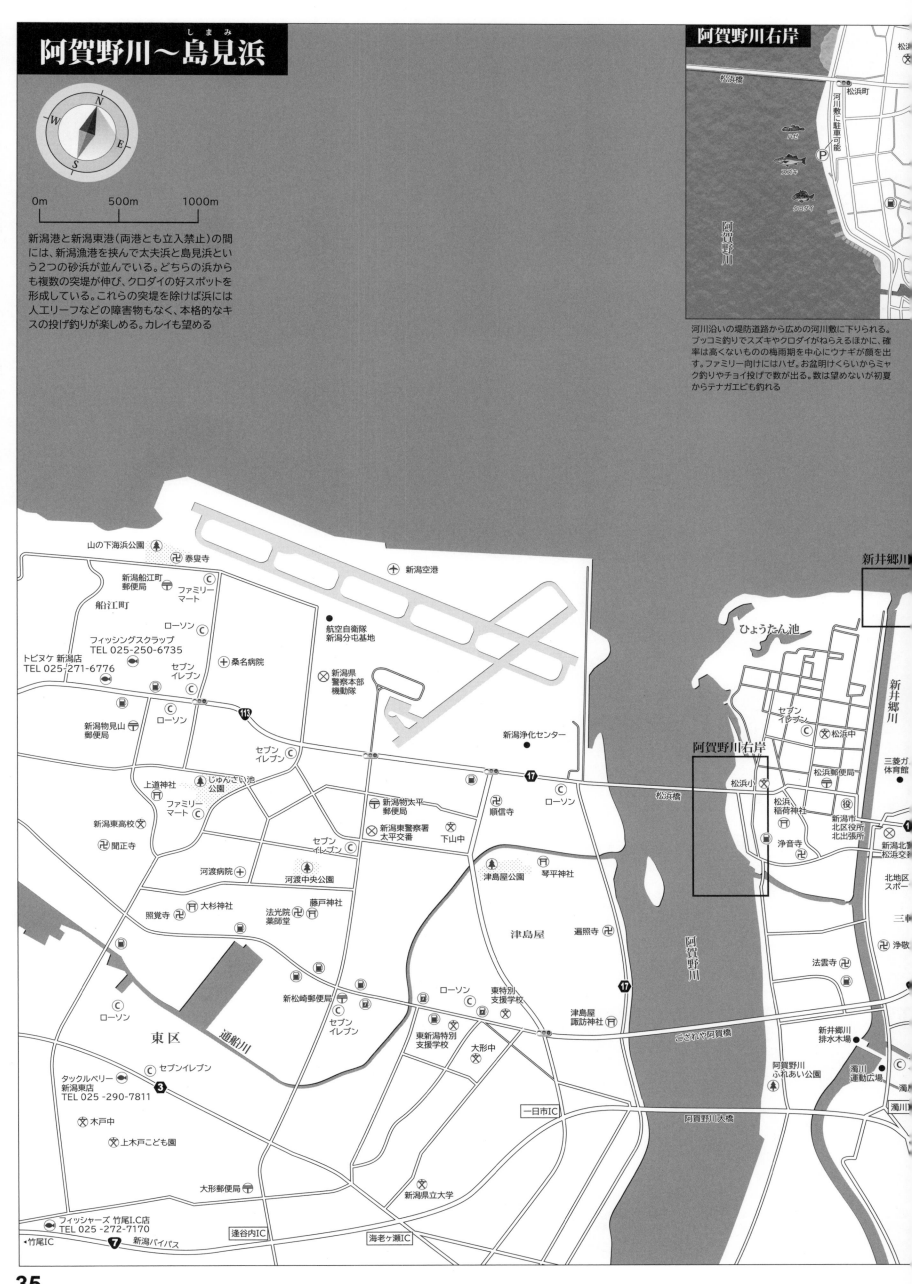

阿賀野川〜島見浜 (しまみ)

0m　500m　1000m

新潟港と新潟東港（両港とも立入禁止）の間には、新潟漁港を挟んで太夫浜と島見浜という2つの砂浜が並んでいる。どちらの浜からも複数の突堤が伸び、クロダイの好スポットを形成している。これらの突堤を除けば浜には人工リーフなどの障害物もなく、本格的なキスの投げ釣りが楽しめる。カレイも望める

阿賀野川右岸

松浜橋
松浜町
河川敷に駐車可能
P
ハゼ
スズキ
クロダイ
阿賀野川

河川沿いの堤防道路から広めの河川敷に下りられる。ブッコミ釣りでスズキやクロダイがねらえるほかに、確率は高くないものの梅雨期を中心にウナギが顔を出す。ファミリー向けにはハゼ。お盆明けくらいからミャク釣りやチョイ投げで数が出る。数は望めないが初夏からテナガエビも釣れる

山の下海浜公園　泰叟寺
新潟空港
新潟船江町郵便局　ファミリーマート
船江町
ローソン
フィッシングスクラップ　TEL 025-250-6735
航空自衛隊新潟分屯基地
トビヌケ 新潟店　TEL 025-271-6776
桑名病院
セブンイレブン
新潟県警察本部機動隊
新潟物見山郵便局
ローソン
113
新潟浄化センター
上道神社　じゅんさい池公園
セブンイレブン
17
ファミリーマート
新潟物太平郵便局
ローソン
新潟東高校
新潟市北区役所北出張所
聞正寺
順信寺
下山中
新潟東警察署太平交番
河渡病院
河渡中央公園
セブンイレブン
津島屋公園　琴平神社
大杉神社
藤戸神社
照覚寺
法光院薬師堂
遍照寺
津島屋
新松崎郵便局
ローソン
東特別支援学校
セブンイレブン
東新潟特別支援学校
大形中
津島屋諏訪神社
東区
通船川
ローソン
タックルベリー新潟東店　TEL 025-290-7811
3
木戸中
ございや阿賀橋
上木戸こども園
新井郷川排水木場
阿賀野川ふれあい公園
濁川運動広場
大形郵便局
新潟県立大学
一日市IC
阿賀野川大橋
フィッシャーズ 竹尾I.C店　TEL 025-272-7170
竹尾IC
7
新潟バイパス
逢谷内IC
海老ケ瀬IC

阿賀野川右岸

新井郷川
ひょうたん池
新井郷川
セブンイレブン
松浜中
松浜郵便局
三菱ガス体育館
阿賀野川右岸
松浜小
松浜橋
松浜稲荷神社
新潟北警察署松浜交番
浄音寺
北地区スポーツ
三菱ガス
浄敬
法雲寺
阿賀野川

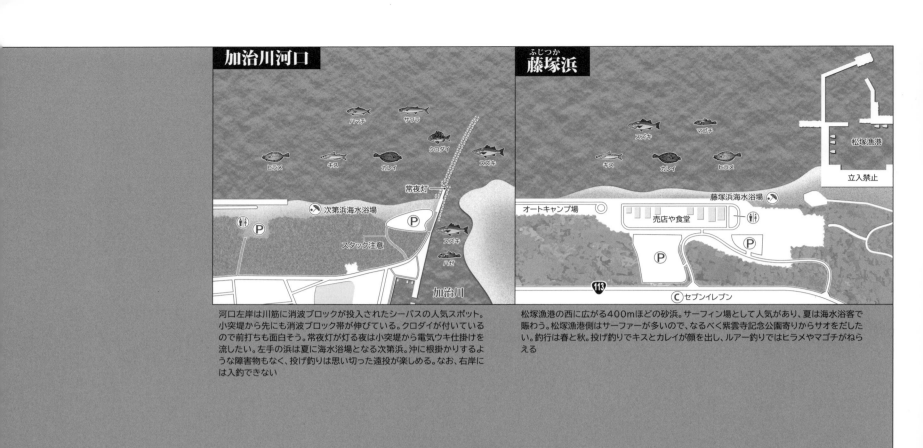

加治川河口

河口左岸は川筋に消波ブロックが投入されたシーバスの人気スポット。小突堤から先にも消波ブロック帯が伸びている。クロダイが付いているので前打ちも面白そう。常夜灯が灯る夜は小突堤から電気ウキ仕掛けを流したい。左手の浜は夏に海水浴場となる次第浜。沖に根掛かりするような障害物もなく、投げ釣りは思い切った遠投が楽しめる。なお、右岸には入釣できない

ふじつか 藤塚浜

松塚漁港の西に広がる400mほどの砂浜。サーフィン場として人気があり、夏は海水浴客で賑わう。松塚漁港側はサーファーが多いので、なるべく紫雲寺記念公園寄りからサオをだしたい。釣行は春と秋。投げ釣りでキスとカレイが顔を出し、ルアー釣りではヒラメやマゴチがねらえる

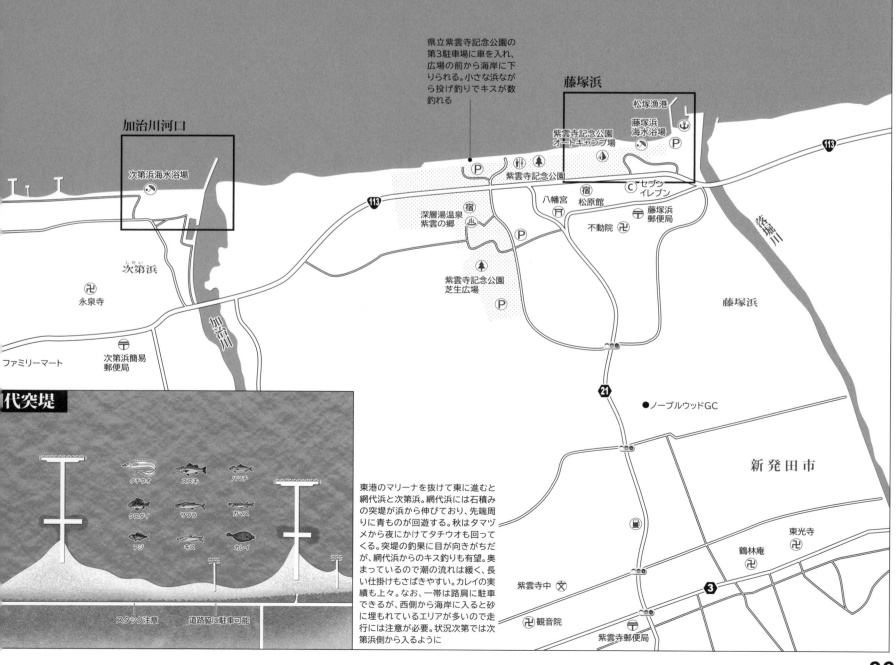

県立紫雲寺記念公園の第3駐車場に車を入れ、広場の前から海岸に下りられる。小さな浜ながら投げ釣りでキスが数釣れる

加治川河口

次第浜海水浴場

藤塚浜

松塚漁港

藤塚浜
海水浴場

紫雲寺記念公園
オートキャンプ場

紫雲寺記念公園

八幡宮

松原館

藤塚浜
郵便局

セブンイレブン

不動院

次第浜

永泉寺

深層湯温泉
紫雲の郷

加治川

藤塚浜

加治川

紫雲寺記念公園
芝生広場

ファミリーマート

次第浜簡易
郵便局

代突堤

東港のマリーナを抜けて東に進むと網代浜と次第浜。網代浜には石積みの突堤が浜から伸びており、先端周りに青ものが回遊する。秋はタマヅメから夜にかけてタチウオも回ってくる。突堤の釣果に目が向きがちだが、網代浜からのキス釣りも有望。奥まっているので潮の流れは緩く、長い仕掛けもさばきやすい。カレイの実績も上々。なお、一帯は路肩に駐車できるが、西側から海岸に入ると砂に埋もれているエリアが多いので走行には注意が必要。状況次第では次第浜側から入るように

スタック注意　道路脇に駐車可能

ノーブルウッドGC

新発田市

東光寺

鶴林庵

紫雲寺中

観音院

紫雲寺郵便局

新潟東港〜松塚漁港

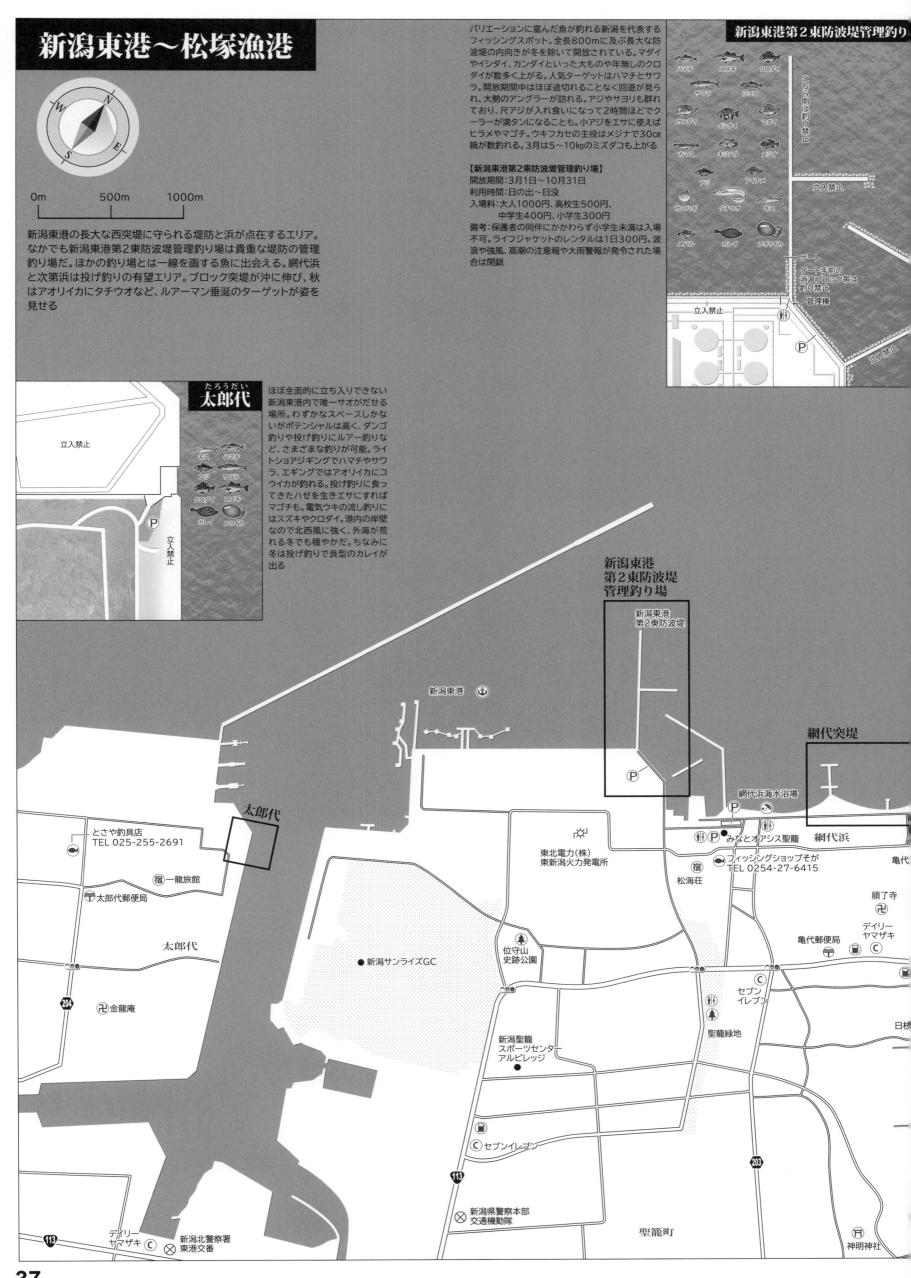

新潟東港の長大な西突堤に守られる堤防と浜が点在するエリア。なかでも新潟東港第2東防波堤管理釣り場は貴重な堤防の管理釣り場だ。ほかの釣り場とは一線を画する魚に出会える。網代浜と次第浜は投げ釣りの有望エリア。ブロック突堤が沖に伸び、秋はアオリイカにタチウオなど、ルアーマン垂涎のターゲットが姿を見せる

バリエーションに富んだ魚が釣れる新潟を代表するフィッシングスポット。全長800mに及ぶ長大な防波堤の内向きが冬を除いて開放されている。マダイやイシダイ、カンダイといった大ものや年無しのクロダイが数多く上がる。人気ターゲットはハマチとサワラ。開放期間中はほぼ途切れることなく回遊が見られ、大勢のアングラーが訪れる。アジやサヨリも群れており、尺アジが入れ食いになって2時間ほどでクーラーが満タンになることも。小アジをエサに使えばヒラメやマゴチ。ウキフカセの主役はメジナで30㎝級が数釣れる。3月は5〜10㎏のミズダコも上がる

【新潟東港第2東防波堤管理釣り場】
開放期間：3月1日〜10月31日
利用時間：日の出〜日没
入場料：大人1000円、高校生500円、
　　　　中学生400円、小学生300円
備考：保護者の同伴にかかわらず小学生未満は入場不可。ライフジャケットのレンタルは1日300円。波浪や強風、高潮の注意報や大雨警報が発令された場合は閉鎖

新潟東港第2東防波堤管理釣り

ハマチ　スズキ　クロダイ
サワラ　ショゴ
カンダイ　イシダイ　マダイ
カマス　キジハタ　メジナ
アジ　アイナメ
カワハギ　タチウオ　キス
メバル　カレイ　アオリイカ

こちら側は釣り禁止
立入禁止
ゲート
ゲート手前の消波ブロック帯は釣り禁止
立入禁止
管理棟
P

太郎代 たろうだい

キス　ハマチ
アジ　サワラ
クロダイ　スズキ
カレイ　コウイカ

立入禁止
P
立入禁止

ほぼ全面的に立ち入りできない新潟東港内で唯一サオがだせる場所。わずかなスペースしかないがポテンシャルは高く、ダンゴ釣りや投げ釣りにルアー釣りなど、さまざまな釣りが可能。ライトショアジギングでハマチやサワラ、エギングではアオリイカにコウイカが釣れる。投げ釣りに食ってきたハゼを生きエサにすればマゴチも。電気ウキの流し釣りにはスズキやクロダイ。港内の岸壁なので北西風に強く、外海が荒れる冬でも穏やかだ。ちなみに冬は投げ釣りで良型のカレイが出る

太郎代

とさや釣具店
TEL 025-255-2691
一龍旅館
太郎代郵便局
太郎代
金龍庵
204

新潟東港

新潟東港
第2東防波堤
管理釣り場

新潟東港
第2東防波堤
P

網代突堤
網代浜海水浴場
P
みなとオアシス聖籠
フィッシングショップそが
TEL 0254-27-6415
網代浜
亀代

東北電力(株)
東新潟火力発電所
松海荘

順了寺
デイリー
ヤマザキ
亀代郵便局

新潟サンライズGC

位守山
史跡公園

セブン
イレブン
聖籠緑地

新潟聖籠
スポーツセンター
アルビレッジ

神明神社

セブンイレブン

113
203

新潟県警察本部
交通機動隊
聖籠町

デイリー
ヤマザキ
新潟北警察署
東港交番
113

0m　500m　1000m

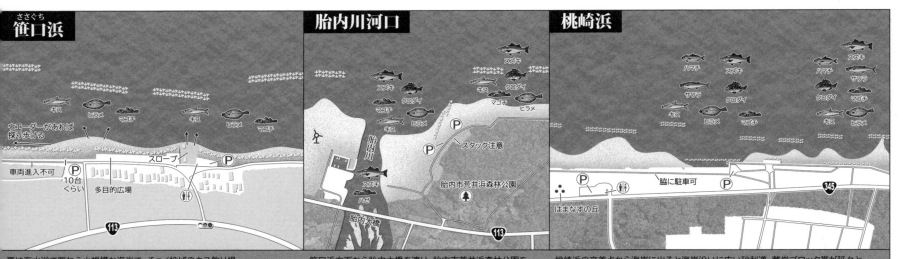

笹口浜 (ささぐち)

夏は海水浴で賑わう小規模な海岸で、チョイ投げのキス釣り場。スロープ前の2箇所が砂浜になっており、一帯は消波ブロックの護岸まで波が来る。ヒラメやマゴチねらいはウェーダーが必須。消波ブロックの前に出て、潮の動きを見ながら4本の離岸ブロック帯周りを探っていく

胎内川河口

笹口浜方面から胎内大橋を渡り、胎内市荒井浜森林公園を目印に左折して川沿いに進むと胎内川右岸に出られる。駐車スペースは広いがスタックには注意。川の流れ出し周りではスズキにヒラメ。稚アユが群れる5月は朗報が飛び交う。右岸正面から東に離岸ブロック帯が並んでいるが、河口の正面に限っては開けているので、キスの投げ釣りは砂州に釣り座を構えて遠投勝負

桃崎浜

桃崎浜の交差点から海岸に出ると海岸沿いに広い砂利道。離岸ブロック帯が延々と並んでいるが、間隔が広い場所を選んで入ればストレスなく投げ釣りが楽しめる。車を横付けできるのでエントリーも楽。ルアー釣りはヒラメ。離岸ブロック帯の影響で海岸線がうねっているので、地形を読んで攻略する

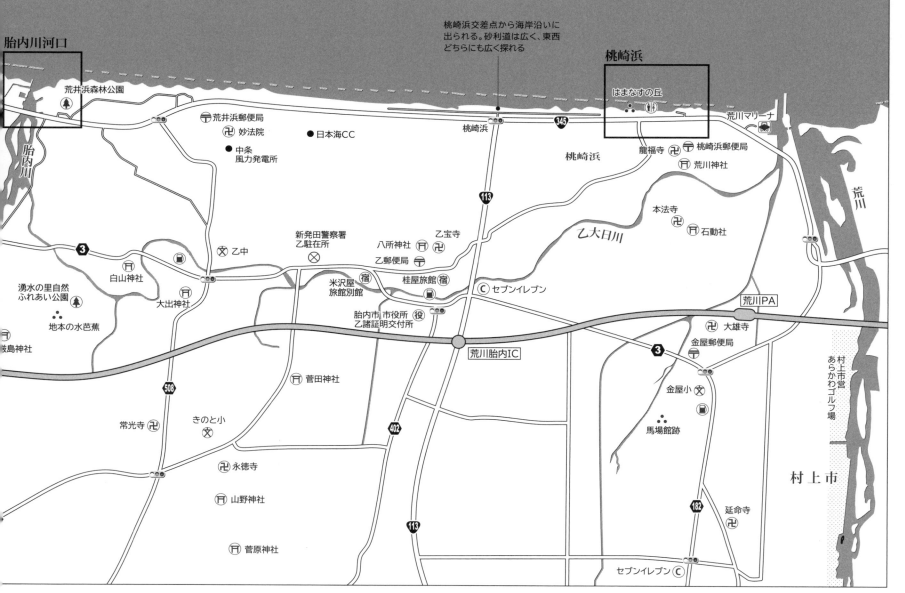

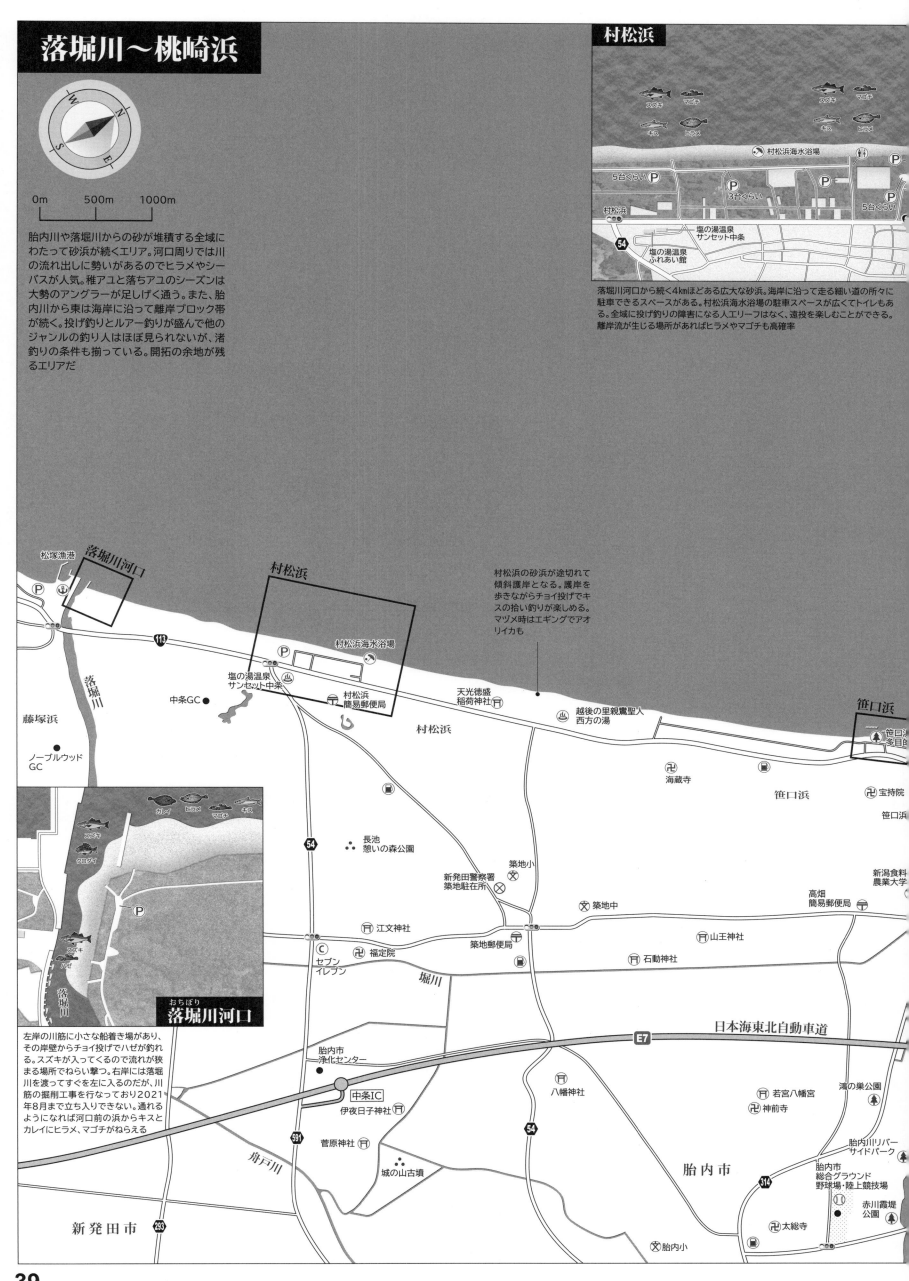

落堀川～桃崎浜

0m　500m　1000m

胎内川や落堀川からの砂が堆積する全域にわたって砂浜が続くエリア。河口周りでは川の流れ出しに勢いがあるのでヒラメやシーバスが人気。稚アユと落ちアユのシーズンは大勢のアングラーが足しげく通う。また、胎内川から東は海岸に沿って離岸ブロック帯が続く。投げ釣りとルアー釣りが盛んで他のジャンルの釣り人はほぼ見られないが、渚釣りの条件も揃っている。開拓の余地が残るエリアだ

村松浜

落堀川河口から続く4kmほどある広大な砂浜。海岸に沿って走る細い道の所々に駐車できるスペースがある。村松浜海水浴場の駐車スペースが広くてトイレもある。全域に投げ釣りの障害になる人エリーフはなく、遠投を楽しむことができる。離岸流が生じる場所があればヒラメやマゴチも高確率

松塚漁港
落堀川河口
村松浜

藤塚浜
落堀川
中条GC
ノーブルウッドGC

113

塩の湯温泉
サンセット中条
村松浜海水浴場
村松浜簡易郵便局
村松浜

天光徳盛稲荷神社
越後の里親鸞聖人西方の湯

村松浜の砂浜が途切れて傾斜護岸となる。護岸を歩きながらチョイ投げでキスの拾い釣りが楽しめる。マヅメ時はエギングでアオリイカも

笹口浜
笹口浜多目的
海蔵寺
笹口浜
宝持院
笹口浜

長池
憩いの森公園
築地小
新発田警察署築地駐在所
築地中
新潟食料農業大学
高畑簡易郵便局
江文神社
福定院
築地郵便局
山王神社
石動神社
堀川
セブンイレブン

54

落堀川河口

左岸の川筋に小さな船着き場があり、その岸壁からチョイ投げでハゼが釣れる。スズキが入ってくるので流れが狭まる場所でねらい撃つ。右岸には落堀川を渡ってすぐを左に入るのだが、川筋の掘削工事を行なっており2021年8月まで立ち入りできない。通れるようになれば河口前の浜からキスとカレイにヒラメ、マゴチがねらえる

日本海東北自動車道
E7
胎内市浄化センター
中条IC
伊夜日子神社
八幡神社
若宮八幡宮
神前寺
鴻の巣公園
591
菅原神社
城の山古墳
舟戸川
胎内市
胎内川リバーサイドパーク
胎内市総合グラウンド野球場・陸上競技場
314
赤川霞堤公園
太総寺
新発田市
293
胎内小

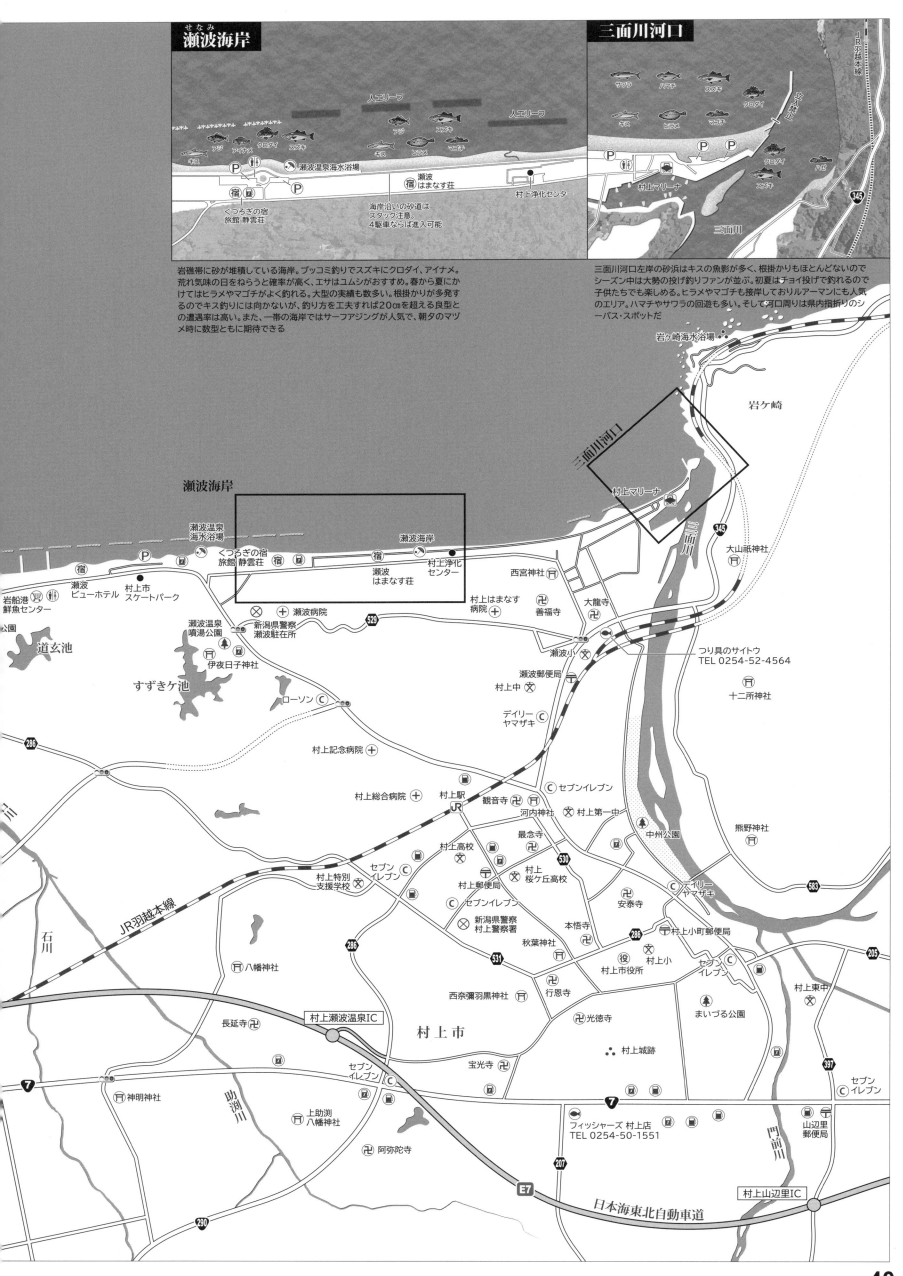

瀬波海岸（せなみ）

三面川河口

岩礁帯に砂が堆積している海岸。ブッコミ釣りでスズキにクロダイ、アイナメ。荒れ気味の日をねらうと確率が高く、エサはユムシがおすすめ。春から夏にかけてはヒラメやマゴチがよく釣れる。大型の実績も数多い。根掛かりが多発するのでキス釣りには向かないが、釣り方を工夫すれば20cmを超える良型との遭遇率は高い。また、一帯の海岸ではサーフアジングが人気で、朝夕のマヅメ時に数型ともに期待できる

三面川河口左岸の砂浜はキスの魚影が多く、根掛かりもほとんどないのでシーズン中は大勢の投げ釣りファンが並ぶ。初夏はチョイ投げで釣れるので子供たちでも楽しめる。ヒラメやマゴチも接岸しておりルアーマンにも人気のエリア。ハマチやサワラの回遊も多い。そして河口周りは県内指折りのシーバス・スポットだ

つり具のサイトウ TEL 0254-52-4564

フィッシャーズ 村上店 TEL 0254-50-1551

荒川〜三面川

0m　500m　1000m

新潟県でも指折りのシーバス・スポット、荒川と三面川。稚アユの遡上と落ちアユシーズンには、大勢のアングラーがビッグワンを求めて足しげく通う。瀬波海岸を中心にサーフではヒラメも大型が多数釣れる。キスも自分のスタイルに合わせてチョイ投げから遠投の引き釣りまで楽しめる。まさに新潟のポテンシャルを体感できるエリアだ。夕日が美しい海岸として整備されているので海岸沿いに駐車場も多い

荒川河口

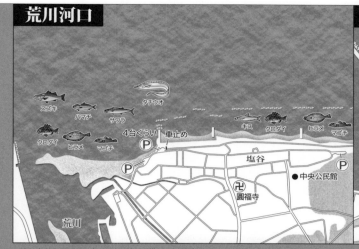

サケやサクラマスで知られる荒川。稚アユの遡上が多いことでも有名で、5月に入ると50〜70cmのスズキが群れをなして河口に回遊してくる。川筋にも入り込むので旭橋までは充分釣れる。釣りやすいのは右岸の小突堤から砂州にかけて。落ちアユのシーズンにはメーターオーバーもキャッチされる。小突堤にはタチウオが回遊することもあり、昼夜を問わず釣り人が絶えない。砂州はキス釣りファンにも人気。河口の右岸には塩谷の集落を抜けて入釣する。また、河口右岸から岩船港に向かう海岸は離岸ブロック堤が連続しており、渚釣りでクロダイが数釣れる。塩谷集落奥の広い駐車スペースを利用する

岩船海岸

日本海夕日の森森林公園の駐車場に車を入れて海岸に出ると、岩船港の白灯台堤に向かってきれいな砂浜が広がっている。キスはもちろん青ものやスズキが釣れる。白灯台堤寄りの浜は前方に障害物もなく、遠投派のキス釣りファンには格好のスポット。マダイの実績もある。手軽なのは公園前から北に100m間隔で連続するブロック堤。最も公園寄りのブロック堤は一帯が砂地なのでチョイ投げのキスがいい。北に向かうと岩礁帯が絡み、クロダイやメバル、アオリイカなどが釣れる

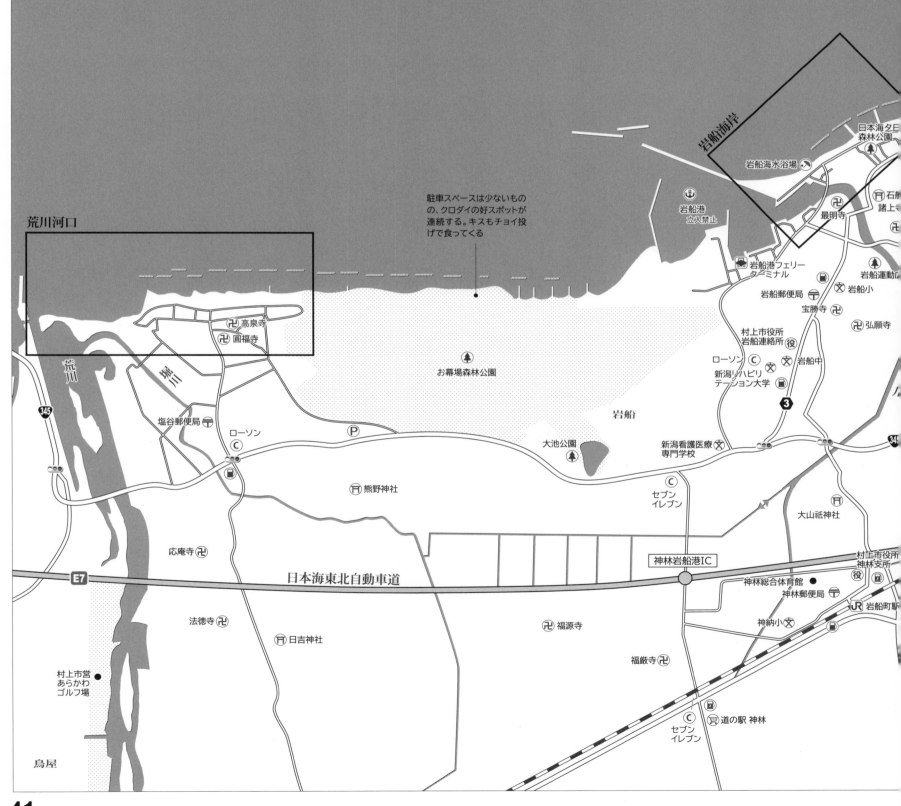

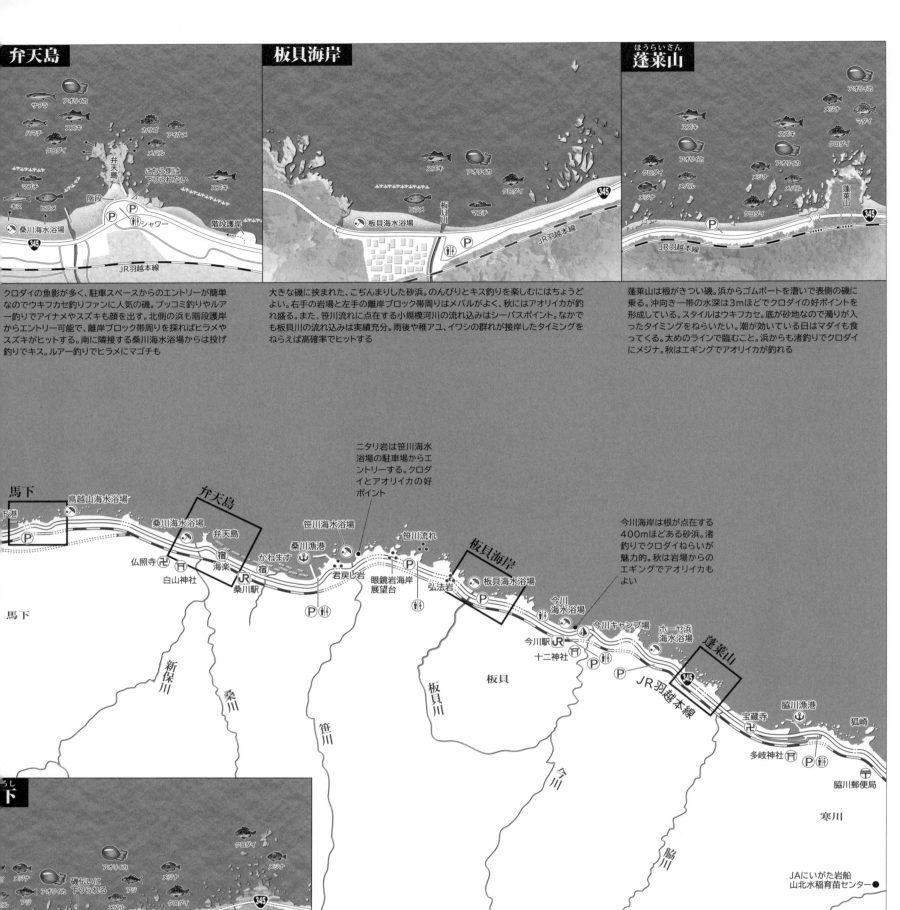

弁天島

クロダイの魚影が多く、駐車スペースからのエントリーが簡単なのでウキフカセ釣りファンに人気の磯。ブッコミ釣りやルアー釣りでアイナメやスズキも顔を出す。北側の浜も階段護岸からエントリー可能で、離岸ブロック帯周りを探ればヒラメやスズキがヒットする。南に隣接する桑川海水浴場からは投げ釣りでキス。ルアー釣りでヒラメにマゴチも

板貝海岸

大きな磯に挟まれた、こぢんまりとした砂浜。のんびりとキス釣りを楽しむにはちょうどよい。右手の岩場と左手の離岸ブロック帯周りはメバルがよく、秋にはアオリイカが釣れ盛る。また、笹川流れに点在する小規模河川の流れ込みはシーバスポイント。なかでも板貝川の流れ込みは実績充分。雨後や稚アユ、イワシの群れが接岸したタイミングをねらえば高確率でヒットする

蓬莱山（ほうらいさん）

蓬莱山は根がきつい磯。浜からゴムボートを漕いで表側の磯に乗る。沖向き一帯の水深は3mほどでクロダイの好ポイントを形成している。スタイルはウキフカセ。底が砂地なので濁りが入ったタイミングをねらいたい。潮が効いている日はマダイも食ってくる。太めのラインで臨むこと。浜からも渚釣りでクロダイにメジナ。秋はエギングでアオリイカが釣れる

ニタリ岩は笹川海水浴場の駐車場からエントリーする。クロダイとアオリイカの好ポイント

今川海岸は根が点在する400mほどある砂浜。渚釣りでクロダイねらいが魅力的。秋は岩場からのエギングでアオリイカもよい

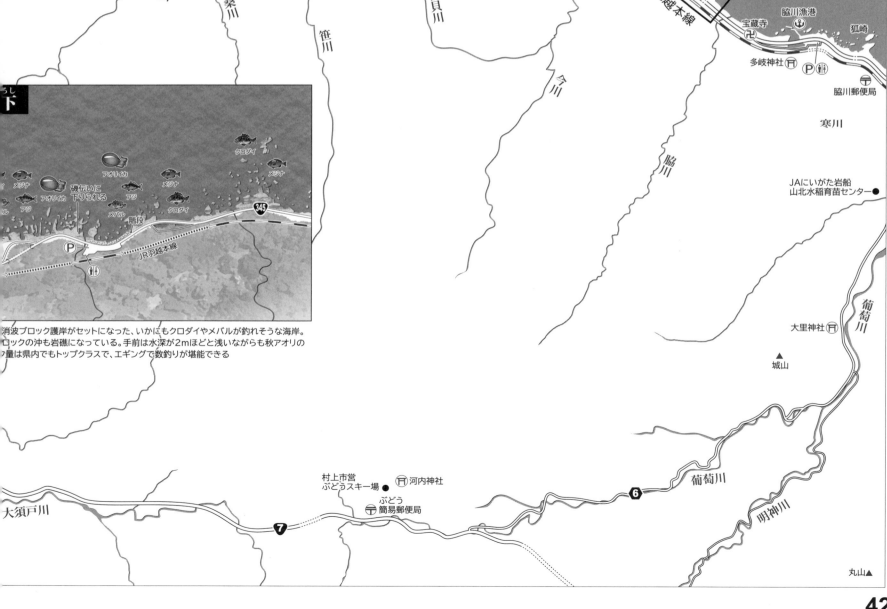

消波ブロック護岸がセットになった、いかにもクロダイやメバルが釣れそうな海岸。ブロックの沖も岩礁になっている。手前は水深が2mほどと浅いながらも秋アオリの釣量は県内でもトップクラスで、エギングで数釣りが堪能できる

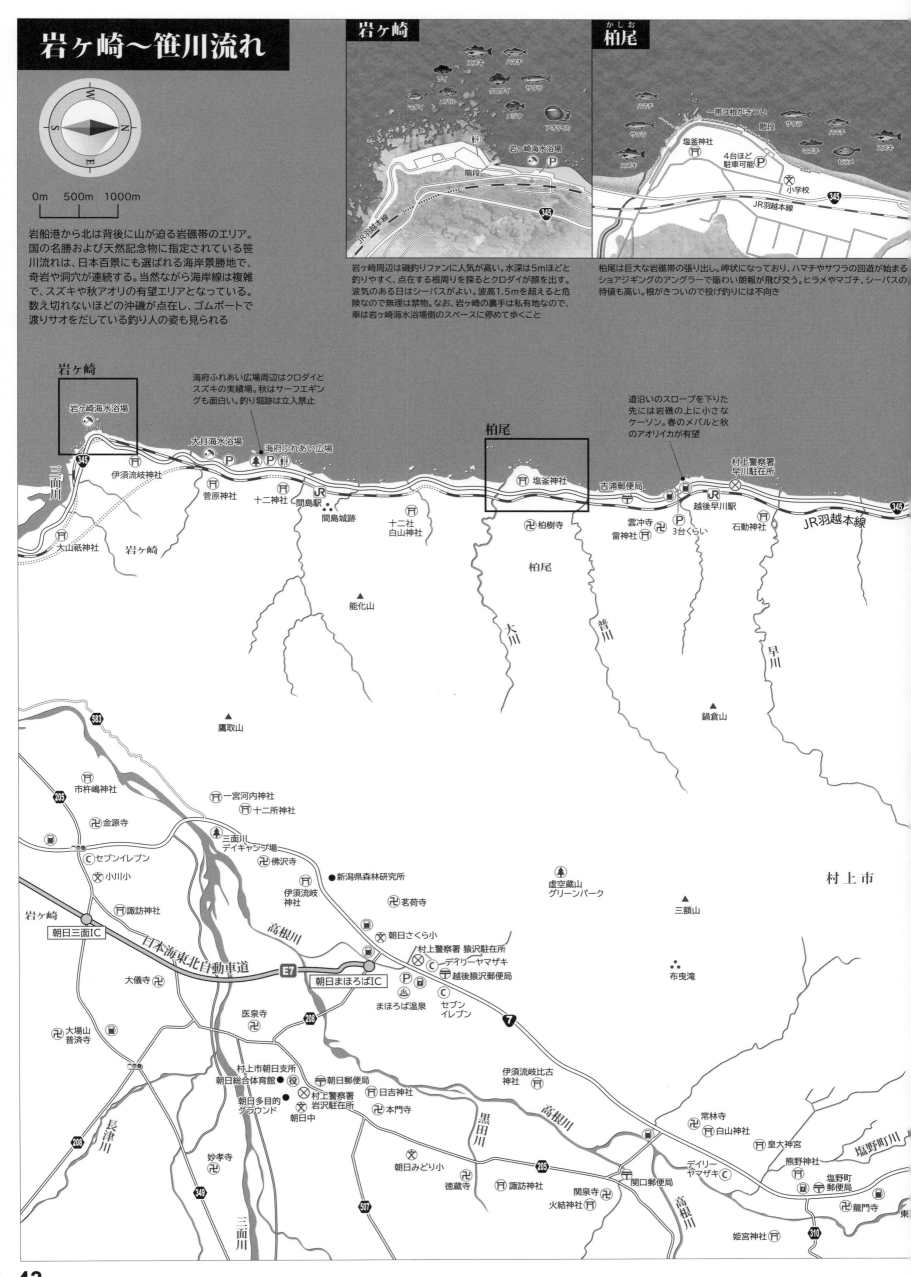

岩ヶ崎〜笹川流れ

岩船港から北は背後に山が迫る岩礁帯のエリア。
国の名勝および天然記念物に指定されている笹
川流れは、日本百景にも選ばれる海岸景勝地で、
奇岩や洞穴が連続する。当然ながら海岸線は複雑
で、スズキや秋アオリの有望エリアとなっている。
数え切れないほどの沖磯が点在し、ゴムボートで
渡りサオをだしている釣り人の姿も見られる

岩ヶ崎

岩ヶ崎周辺は磯釣りファンに人気が高い。水深は5mほどで
釣りやすく、点在する根周りを探るとクロダイが顔を出す。
波気のある日はシーバスがよい。波高1.5mを超えると危
険なので無理は禁物。なお、岩ヶ崎の裏手は私有地なので、
車は岩ヶ崎海水浴場側のスペースに停めて歩くこと

柏尾

柏尾は巨大な岩礁帯の張り出し。岬状になっており、ハマチやサワラの回遊が始まる
ショアジギングのアングラーで賑わい朗報が飛び交う。ヒラメやマゴチ、シーバスの
待値も高い。根がきついので投げ釣りには不向き

海府ふれあい広場周辺はクロダイと
スズキの実績場。秋はサーフエギン
グも面白い。釣り堀跡は立入禁止

道沿いのスロープを下りた
先には岩礁の上に小さな
ケーソン。春のメバルと秋
のアオリイカが有望

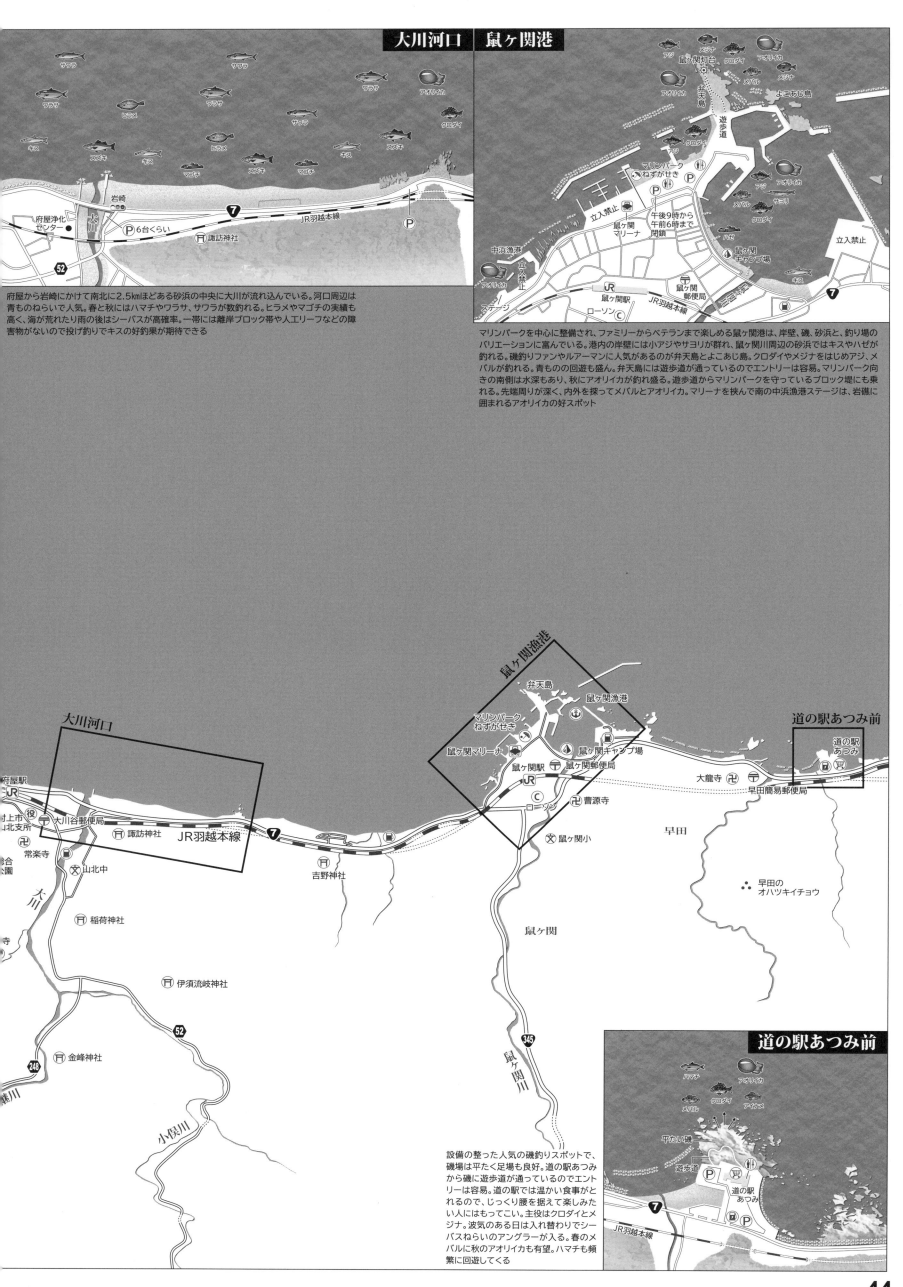

大川河口 | 鼠ヶ関港

府屋から岩崎にかけて南北に2.5kmほどある砂浜の中央に大川が流れ込んでいる。河口周辺は青ものねらいで人気。春と秋にはハマチやワラサ、サワラが数釣れる。ヒラメやマゴチの実績も高く、海が荒れたり雨の後はシーバスが高確率。一帯には離岸ブロック帯や人工リーフなどの障害物がないので投げ釣りでキスの好釣果が期待できる

マリンパークを中心に整備され、ファミリーからベテランまで楽しめる鼠ヶ関港は、岸壁、磯、砂浜と、釣り場のバリエーションに富んでいる。港内の岸壁には小アジやサヨリが群れ、鼠ヶ関川周辺の砂浜ではキスやハゼが釣れる。磯釣りファンやルアーマンに人気があるのが弁天島とよこあじ島。クロダイやメジナをはじめアジ、メバルが釣れる。青ものの回遊も盛ん。弁天島には遊歩道が通っているのでエントリーは容易。マリンパーク向きの南側は水深もあり、秋にアオリイカが釣れ盛る。遊歩道からマリンパークを守っているブロック堤にも乗れる。先端周りが深く、内外を探ってメバルとアオリイカ。マリーナを挟んで南の中浜漁港ステージは、岩礁に囲まれるアオリイカの好スポット

道の駅あつみ前

設備の整った人気の磯釣りスポットで、磯場は平たく足場も良好。道の駅あつみから磯に遊歩道が通っているのでエントリーは容易。道の駅では温かい食事がとれるので、じっくり腰を据えて楽しみたい人にはもってこい。主役はクロダイとメジナ。波気のある日は入れ替わりでシーバスねらいのアングラーが入る。春のメバルに秋のアオリイカも有望。ハマチも頻繁に回遊してくる

葡萄川河
ぶどう

起伏に富んだ笹川流れは狐崎で終わるが、酒田市までは海岸に沿うように山が連なる。もちろん海岸線も入り組んでおり、メバルやアオリイカなどの岩礁を好むターゲットが多い。小さな砂浜が点在し、いく筋もの小規模河川が流れ込んでいる。イワシなどのベイトが群れるとスズキやヒラメのボイルが見られる。鼠ヶ関や道の駅あつみには食事処や売店もあるので、家族で出掛けてチョイ投げなどの釣りを絡めつつ遊ぶのにもよい

スズキや青ものがねらえるルアー釣りの人気スポット。500mほどの砂浜に葡萄川が流れ込む。寒川海水浴場の駐車場は広くキャパシティも大きい。左岸は3本の離岸ブロック帯が並んでいるので、青ものねらいは右岸に入る。流れ込みの正面はヒラメにマゴチ。左岸はチョイ投げのキス

地形が入り組んだシーバスの好スポットが連続する。駐車スペースが少ないので、最寄りの駐車スペースから自転車で移動するとよい

寝屋漁港は一般車両の進入が禁止されている。港内に公園が整備されているので、自転車でエントリーすれば釣りが可能。アオリイカやメバルなどのライトゲームが抜群。時期によっては尺超えのアジが回遊する

勝木川河口はハマチやサワラが回ってくるので、左岸から伸びる砂州から沖をねらう

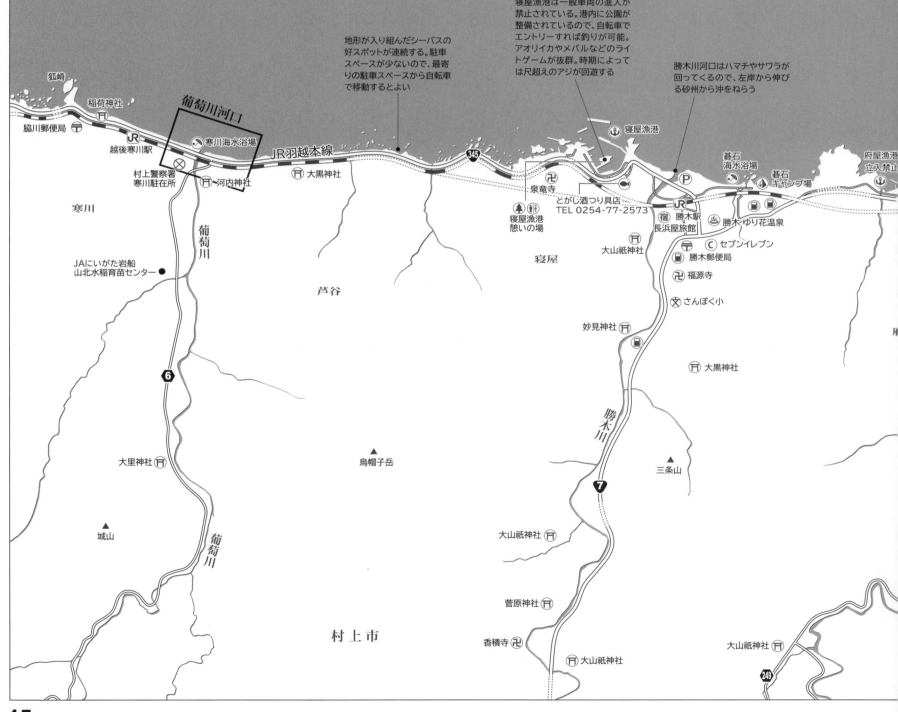

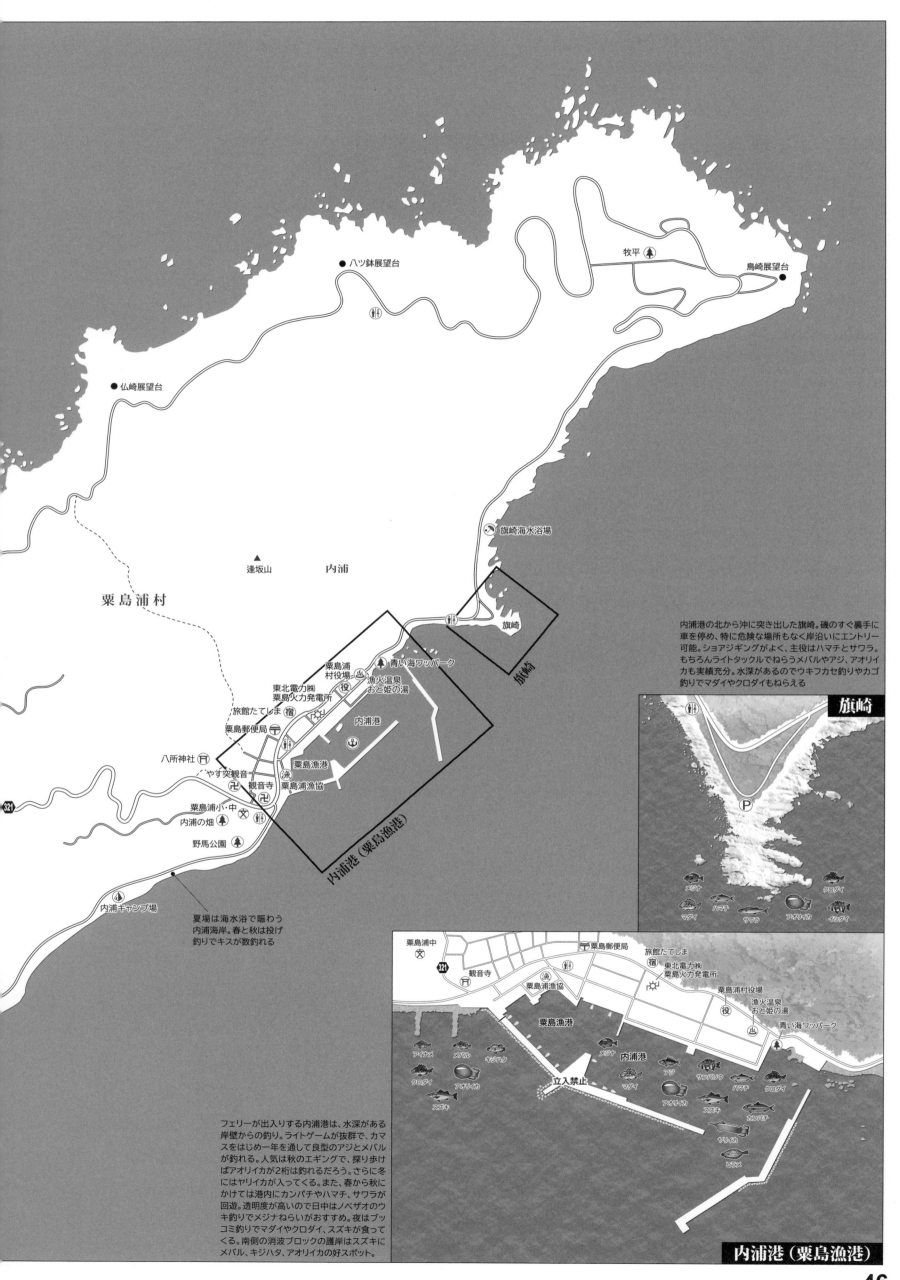

内浦港の北から沖に突き出した旗崎。磯のすぐ裏手に車を停め、特に危険な場所もなく岸沿いにエントリー可能。ショアジギングがよく、主役はハマチとサワラ。もちろんライトタックルでねらうメバルやアジ、アオリイカも実績充分。水深があるのでウキフカセ釣りやカゴ釣りでマダイやクロダイもねらえる

夏場は海水浴で賑わう内浦海岸。春と秋は投げ釣りでキスが数釣れる

フェリーが出入りする内浦港は、水深がある岸壁からの釣り。ライトゲームが抜群で、カマスをはじめ一年を通して良型のアジとメバルが釣れる。人気は秋のエギングで、探り歩けばアオリイカが2桁は釣れるだろう。さらに冬にはヤリイカが入ってくる。また、春から秋にかけては港内にカンパチやハマチ、サワラが回遊。透明度が高いので日中はノベザオのウキ釣りでメジナねらいがおすすめ。夜はブッコミ釣りでマダイやクロダイ、スズキが食ってくる。南側の消波ブロックの護岸はスズキにメバル、キジハタ、アオリイカの好スポット。

粟島
あわしま

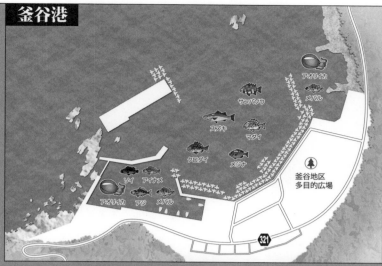

釜谷港

磯渡しの発進基地にもなっている釜谷港。磯に渡ればメーター超えのヒラマサや80㎝を超えるマダイ、イシダイが釣れる。港内には海草が繁茂し、一年を通して良型のメバルが釣れ、秋はアオリイカの数釣りに沸く。20～30㎝のアジが入れ食いになることも珍しくない。港に隣接するゴロタ浜ではライトタックルで根魚が釣れる。スロープ周りではチョイ投げで20㎝超えのキスが顔を出す

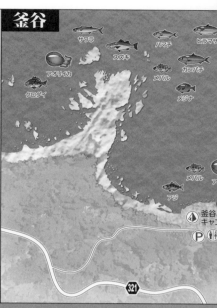

釜谷

岸伝いに入れる磯が少ない西岸にあって、海に向かってキャンプ場の左手に伸びる岬には比較的安全に入釣できる。先端の岩場までは起伏も穏やかで、背負子に荷物をまとめればウキフカセ釣りのエントリーも可能だ。ワラサやマダイをはじめヒラマサが回遊し、尺超えのアジにメバルが釣れる。釜谷海水浴場はゴロタ浜。青ものが回遊するほか秋のエギングでアオリイカが数釣れる

0m　　300m　　600m

岩船港から粟島汽船を利用して渡る粟島は、周囲23㎞の島。雄大な自然が魅力で釣りや野鳥観察が人気。泊まりがけで訪れる人の多くが釣りを目的としているので、民宿も要望に応えてくれる。荒波で削られた島の西岸は全域が磯場。釜谷地区の民宿は多くが磯渡しを行なっており、イシダイやマダイ釣りが人気。一方、内浦港のある東岸は砂浜などの穏やかな地形が続く。手軽に釣りが楽しめるようにと売店組合などでは釣りザオを貸し出している。なお、島を巡るには車か自転車が必要。車は民宿で交渉する。自転車は料金を払えば持ち込み可能

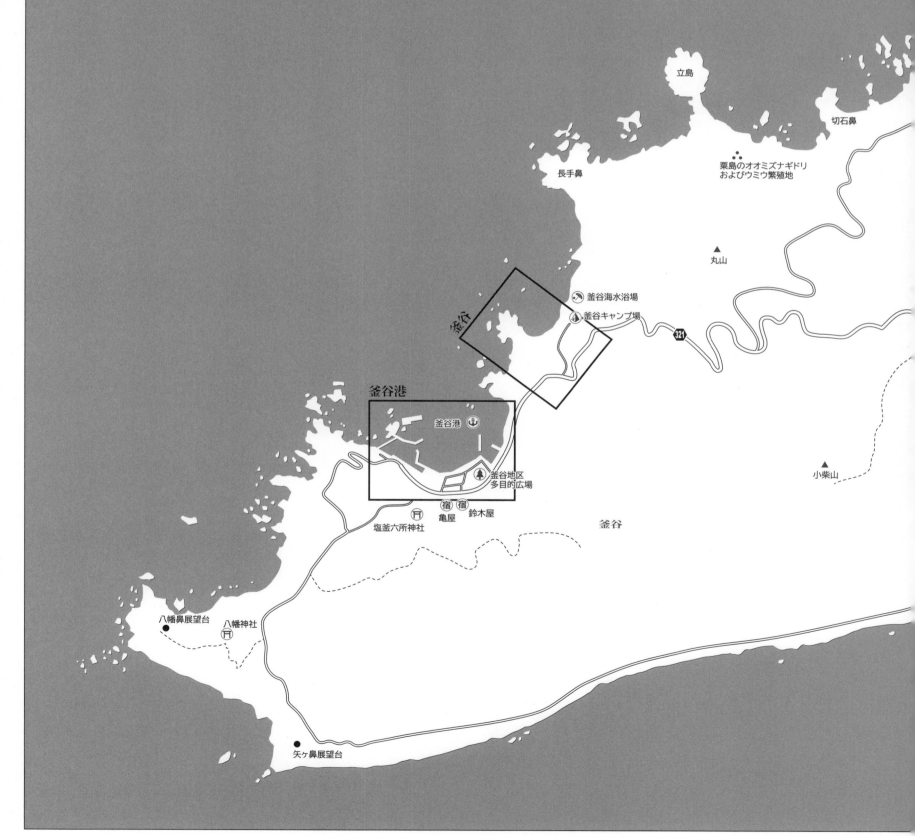

小木漁港

宿根木海岸 <ruby>宿根木<rt>しゅくねぎ</rt></ruby>

強清水 <ruby>強清水<rt>こわしみず</rt></ruby>

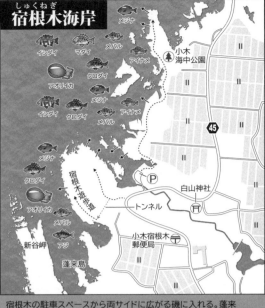

城山公園の遊歩道の小木漁港側はクロダイとソイ。港の堤防と岸壁は立入禁止だが、保育園側の網干場だけはサオだし可能。港から南に弁天崎を回り込んだ矢島と経島のロケーションがよく、ウキフカセ釣りでクロダイにメジナ、エギングでアオリイカがねらえる

宿根木の駐車スペースから両サイドに広がる磯に入れる。蓬来島の入り江にはトンネルを抜けて宿根木遊歩道を使ってエントリー。とりわけアジが多く、エサ、ルアー釣りともに有望。小木海中公園側はクロダイとメジナスポット。イシダイもねらえる

清水荘から強清水の港に向かう最初のカーブの外側に車を寄せて駐車。清水荘脇の畑の脇を抜けて磯に下りる。ヒラマサやイシダイ、カンダイなど大ものが釣れる。港に下るカーブの手前にも駐車スペース。こちらは階段からエントリー

深浦

沢崎鼻

羽茂素浜海岸 <ruby>羽茂素浜<rt>はもちそばま</rt></ruby>

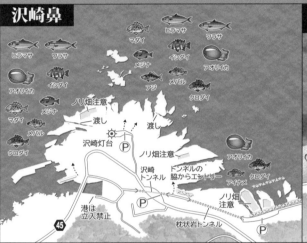

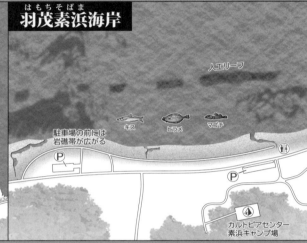

漁港の南から潮早岬にかけて広がる地磯はマダイやワラサ、イシダイがあがるスポット。駐車スペースが少ないので、ショアジギングやエギングなど荷物が少ないアングラーは無理をせず、深浦駐車場を利用し自転車でのエントリーが賢明。潮早岬の南側は健脚アングラー向け。また、深浦駐車場の地磯もエントリー可能

佐渡島の最西端に位置する沢崎鼻は、水深があって潮通しも抜群。ヒラマサやイシダイ、マダイが釣れる1級磯。沢崎灯台の脇から岩場を下る。枕状岩トンネルと沢崎トンネルの間にある階段からエントリー。ノリ畑には立ち入らないように。深浦に続く地磯もまた水深があり、マダイやワラサが釣れる

小木堂釜から羽茂亀脇にかけて岩礁帯に砂が堆積した砂浜が4kmほど続く。所々で岩盤が露出しておりヒラメやマゴチの好釣り場として知られる。羽茂素浜海岸は、海岸を取り囲むように人工リーフが入っているが、キスはチョイ投げで充分釣れる。遠投派は少し浜を南下するとよい

弁天岩

駐車場が岩場の上にあるのでエントリーが容易。磯もそれほど起伏に富んだ荒磯ではないが、万全の装備で臨むこと。秋のアオリイカがよい。南に広がる椿尾海岸に下りる道は4駆のみ。ルアー釣りのヒラメに渚釣りのクロダイがよい

この辺りは根が少なく、キス釣りが抜群。遠投しての引き釣りが可能。駐車スペースがないので羽茂素浜海岸の駐車場から自転車でエントリー

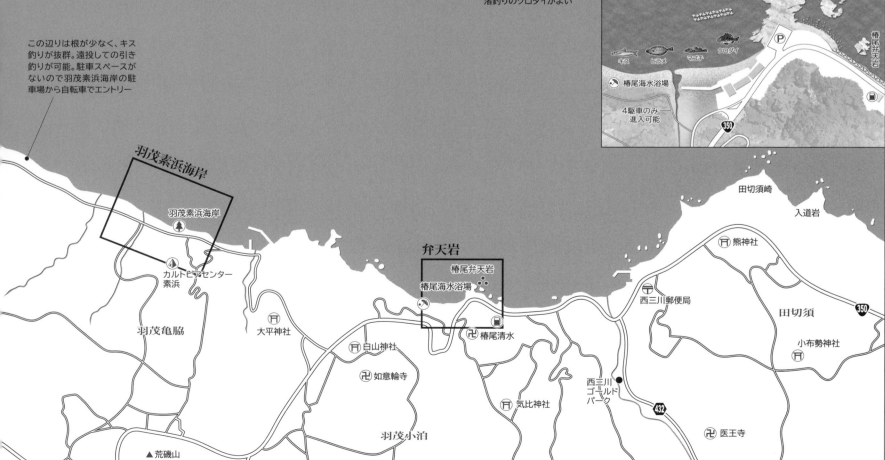

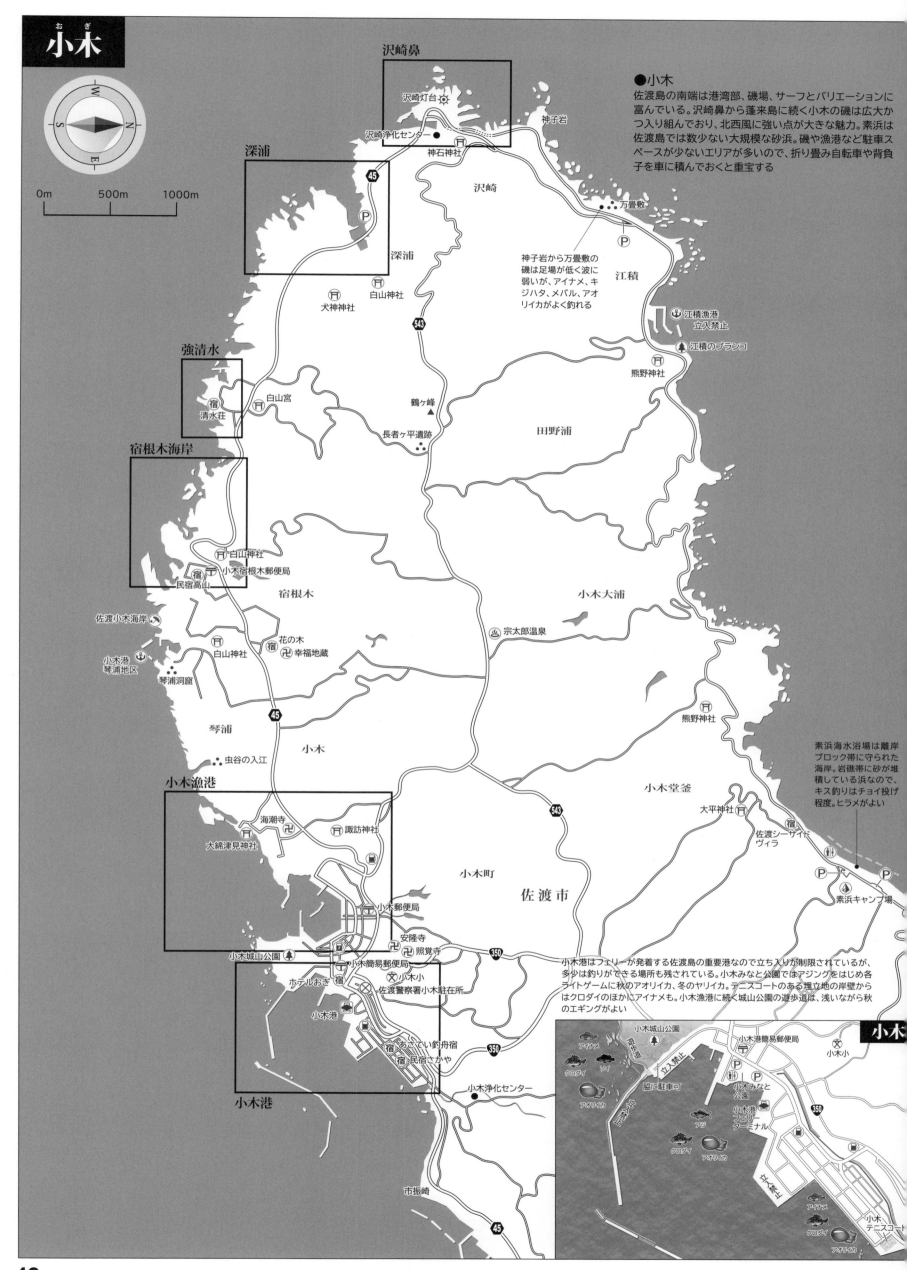

沢崎鼻

沢崎灯台

神子岩

沢崎浄化センター

神石神社

深浦

45

沢崎

深浦

白山神社

犬神神社

543

P

万畳敷

江積

P

神子岩から万畳敷の
磯は足場が低く波に
弱いが、アイナメ、キ
ジハタ、メバル、アオ
リイカがよく釣れる

江積漁港
立入禁止

江積のブランコ

熊野神社

●小木

佐渡島の南端は港湾部、磯場、サーフとバリエーションに
富んでいる。沢崎鼻から蓬来島に続く小木の磯は広大か
つ入り組んでおり、北西風に強い点が大きな魅力。素浜は
佐渡島では数少ない大規模な砂浜。磯や漁港など駐車ス
ペースが少ないエリアが多いので、折り畳み自転車や背負
子を車に積んでおくと重宝する

強清水

清水荘

白山宮

鶴ヶ峰

長者ヶ平遺跡

田野浦

宿根木海岸

白山神社

小木宿根木郵便局

民宿高山

宿根木

花の木

幸福地蔵

小木大浦

宗太郎温泉

佐渡小木海岸

白山神社

小木港
琴浦地区

琴浦洞窟

琴浦

45

小木

虫谷の入江

熊野神社

小木堂釜

大平神社

佐渡シーサイド
ヴィラ

素浜海水浴場は離岸
ブロック帯に守られた
海岸。岩礁帯に砂が堆
積している浜なので、
キス釣りはチョイ投げ
程度。ヒラメがよい

小木漁港

海潮寺

諏訪神社

大綿津見神社

小木町

543

佐渡市

P

P

素浜キャンプ場

小木郵便局

安隆寺

350

照覚寺

小木城山公園

小木簡易郵便局

ホテルおき

小木小

佐渡警察署小木駐在所

小木港

小木港はフェリーが発着する佐渡島の重要港なので立ち入りが制限されているが、
多少は釣りができる場所も残されている。小木みなと公園ではアジングをはじめ各
ライトゲームに秋のアオリイカ、冬のヤリイカ。テニスコートのある埋立地の岸壁から
はクロダイのほかにアイナメも。小木漁港に続く城山公園の遊歩道は、浅いながら秋
のエギングがよい

せい釣舟宿

民宿さかや

小木浄化センター

市振崎

45

0m　500m　1000m

小木城山公園

遊歩道

小木港簡易郵便局

小木小

立入禁止

脇に駐車可

アイナメ

クロダイ

ソイ

小木みなと
公園

小木港
フェリー
ターミナル

350

アオリイカ

アジ

クロダイ

アオリイカ

アイナメ

クロダイ

小木
テニスコート

アオリイカ

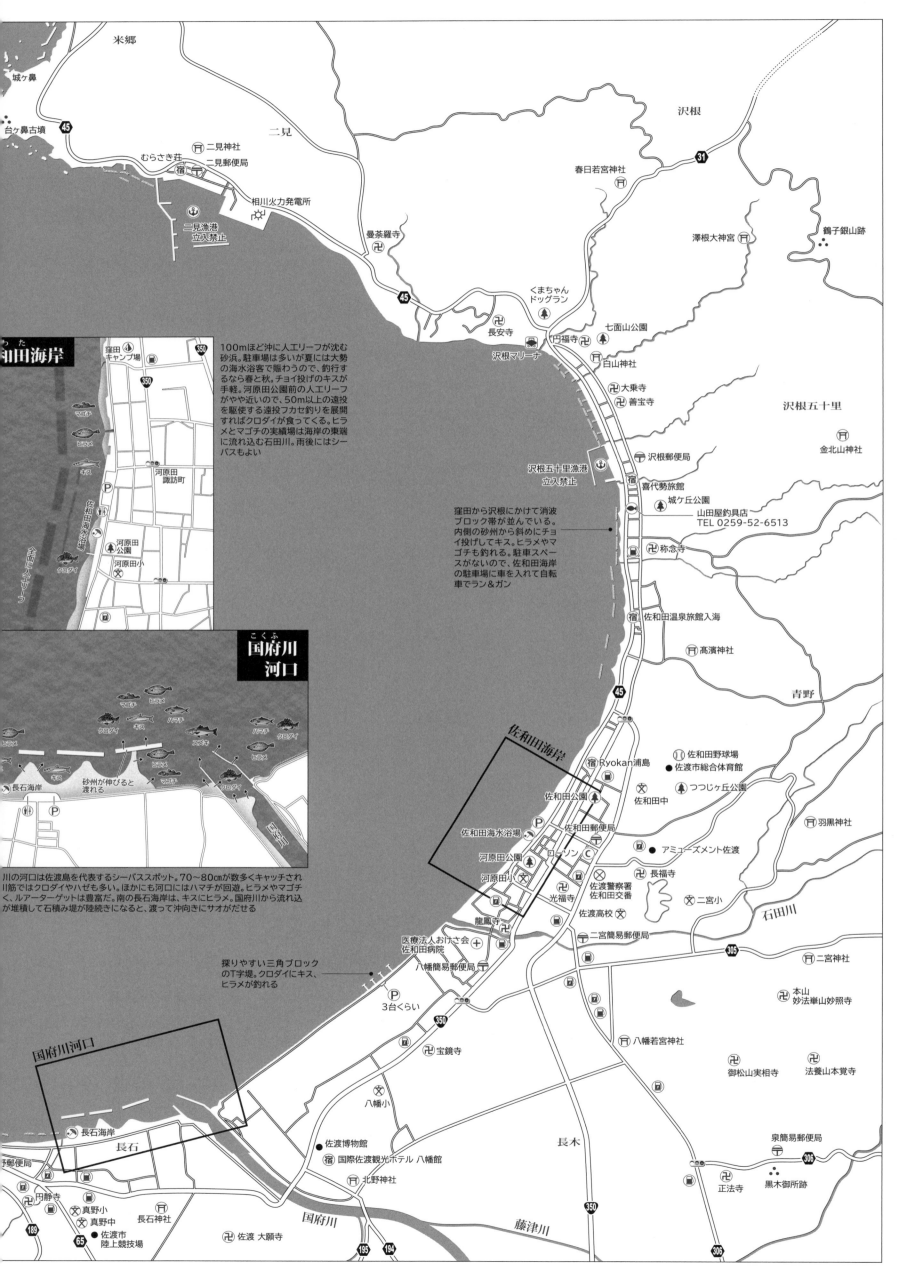

和田海岸

100mほど沖に人工リーフが沈む砂浜。駐車場は多いが夏には大勢の海水浴客で賑わうので、釣行するなら春と秋。チョイ投げのキスが手軽。河原田公園前の人工リーフがやや近いので、50m以上の遠投を駆使する遠投フカセ釣りを展開すればクロダイが食ってくる。ヒラメとマゴチの実績場は海岸の東端に流れ込む石田川。雨後にはシーバスもよい

窪田から沢根にかけて消波ブロック帯が並んでいる。内側の砂州から斜めにチョイ投げしてキス。ヒラメやマゴチも釣れる。駐車スペースがないので、佐和田海岸の駐車場に車を入れて自転車でラン＆ガン

山田屋釣具店
TEL 0259-52-6513

国府川 河口

川の河口は佐渡島を代表するシーバススポット。70〜80㎝が数多くキャッチされ川筋ではクロダイやハゼも多い。ほかにも河口にはハマチが回遊。ヒラメやマゴチく、ルアーターゲットは豊富だ。南の長石海岸は、キスにヒラメ。国府川から流れ込が堆積して石積み堤が陸続きになると、渡って沖向きにサオがだせる

探りやすい三角ブロックのT字堤。クロダイにキス、ヒラメが釣れる

3台くらい

50

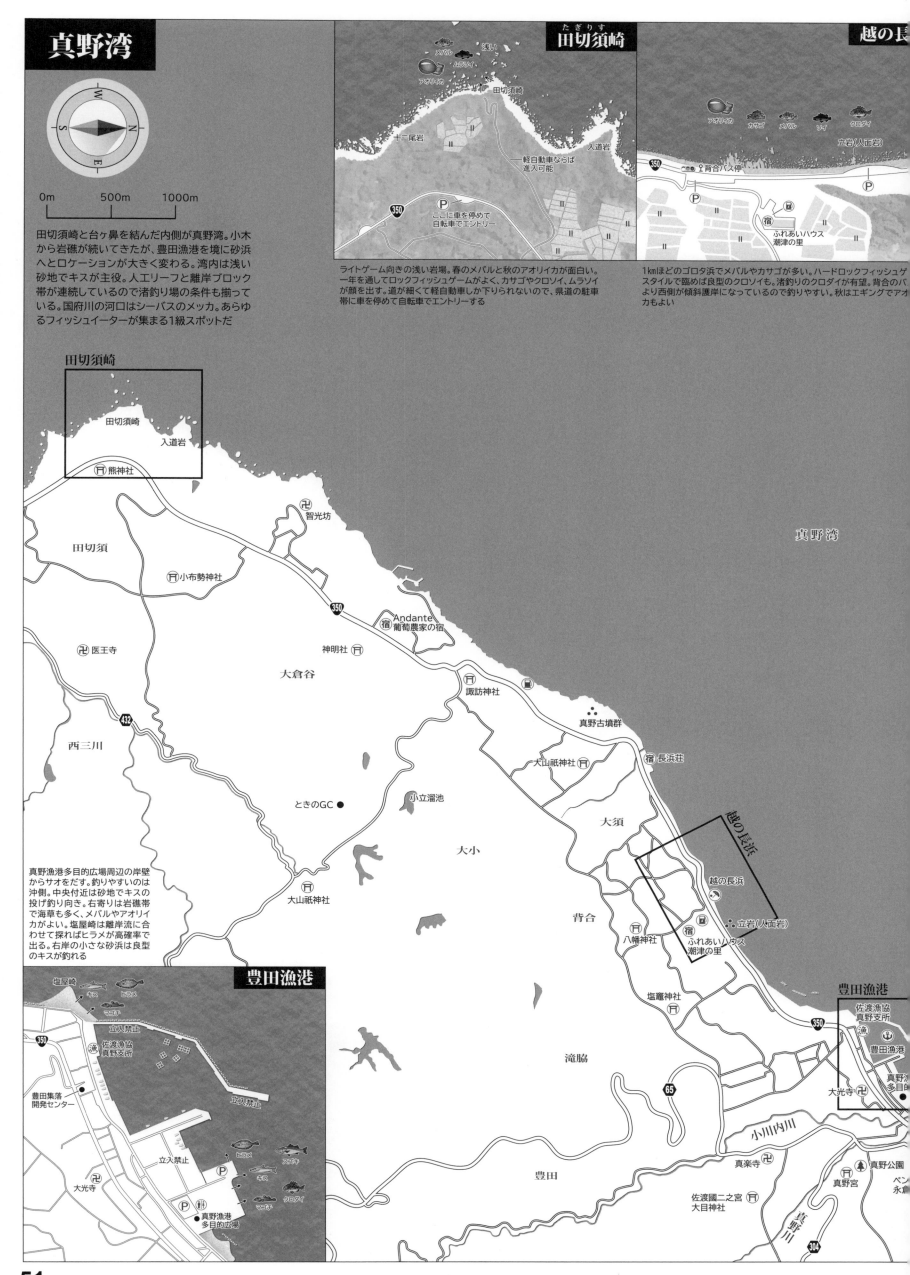

真野湾

0m　500m　1000m

田切須崎と台ヶ鼻を結んだ内側が真野湾。小木から岩礁が続いてきたが、豊田漁港を境に砂浜へとロケーションが大きく変わる。湾内は浅い砂地でキスが主役。人工リーフと離岸ブロック帯が連続しているので渚釣り場の条件も揃っている。国府川の河口はシーバスのメッカ。あらゆるフィッシュイーターが集まる1級スポットだ

田切須崎

ライトゲーム向きの浅い岩場。春のメバルと秋のアオリイカが面白い。一年を通してロックフィッシュゲームがよく、カサゴやクロソイ、ムラソイが顔を出す。道が細くて軽自動車しか下りられないので、県道の駐車帯に車を停めて自転車でエントリーする

越の長浜

1kmほどのゴロタ浜でメバルやカサゴが多い。ハードロックフィッシュゲームスタイルで臨めば良型のクロソイも。渚釣りのクロダイが有望。背合のバリより西側が傾斜護岸になっているので釣りやすい。秋はエギングでアオリイカもよい

田切須崎
田切須崎
入道岩
熊神社

智光坊

田切須
小布勢神社

医王寺

大倉谷

神明社

Andante
葡萄農家の宿

諏訪神社

真野古墳群

西三川

大山祇神社

長浜荘

ときのGC

小立溜池

大須

越の長浜

大小

越の長浜

立岩(人面岩)

八幡神社

ふれあいハウス
潮津の里

真野漁港多目的広場周辺の岸壁からサオをだす。釣りやすいのは沖側。中央付近は砂地でキスの投げ釣り向き。右寄りは岩礁帯で海草も多く、メバルやアオリイカがよい。塩屋崎は離岸流に合わせて探ればヒラメが高確率で出る。右岸の小さな砂浜は良型のキスが釣れる

大山祇神社

背合

塩竈神社

豊田漁港
佐渡漁協
真野支所

滝脇

豊田漁港

豊田漁港

塩屋崎
キス
ヒラメ
マゴチ
立入禁止
佐渡漁協
真野支所
豊田集落
開発センター
立入禁止
ヒラメ
スズキ
キス
マゴチ
クロダイ
大光寺
真野漁港
多目的広場

豊田

大光寺

小川内川

真楽寺

真野宮

真野公園

佐渡國二之宮
大目神社

真野湾

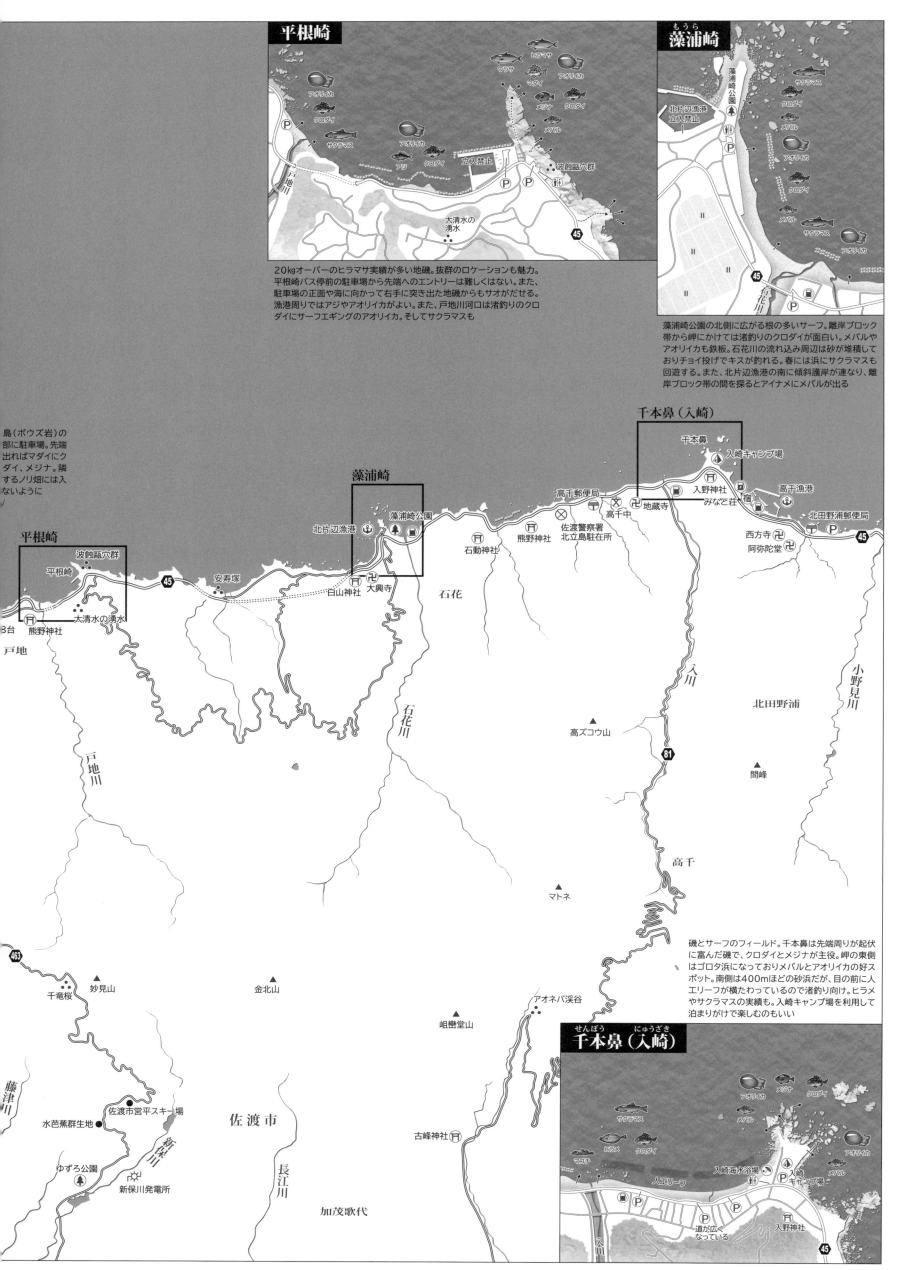

平根崎

20kgオーバーのヒラマサ実績が多い地磯。抜群のロケーションも魅力。平根崎バス停前の駐車場から先端へのエントリーは難しくはない。また、駐車場の正面や海に向かって右手に突き出た地磯からもサオがだせる。漁港周りではアジやアオリイカがよい。また、戸地川河口は渚釣りのクロダイにサーフエギングのアオリイカ。そしてサクラマスも

藻浦崎

藻浦崎公園の北側に広がる根の多いサーフ。離岸ブロック帯から岬にかけては渚釣りのクロダイが面白い。メバルやアオリイカも鉄板。石花川の流れ込み周辺は砂が堆積しておりチョイ投げでキスが釣れる。春には浜にサクラマスも回遊する。また、北片辺漁港の南に傾斜護岸が連なり、離岸ブロック帯の間を探るとアイナメにメバルが出る

千本鼻（入崎）

磯とサーフのフィールド。千本鼻は先端周りが起伏に富んだ磯で、クロダイとメジナが主役。岬の東側はゴロタ浜になっておりメバルとアオリイカの好スポット。南側は400mほどの砂浜だが、目の前に人エリーフが横たわっているので渚釣り向け。ヒラメやサクラマスの実績も。入崎キャンプ場を利用して泊まりがけで楽しむのもいい

外海府海岸南エリア

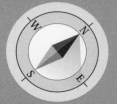

0m 500m 1000m

二見から鹿伏（かぶせ）に至る10kmほどの海岸を七浦海岸と呼ぶ。地形は入り組んでおり、絶好のフィッシングスポットを形成。そのロケーションは変わることなく尖閣湾へと続く。起伏の激しい磯が多いので、自分の体力に見合った釣り場に入りたい。大型のヒラマサやマダイなど垂涎のターゲットが食ってくる沖磯が多いので渡船も盛ん

姫津漁港

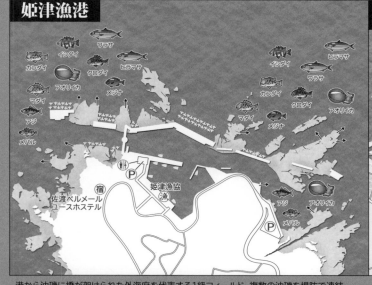

港から沖磯に橋が架けられた外海府を代表する1級フィールド。複数の沖磯を堤防で連結しており、両サイドの磯からヒラマサやワラサ、マダイが釣れる。沖磯と漁港の間が水道になっているので漁港周りではアジやメバルが多く、夜のライトゲームが面白い。秋のアオリイカ、冬のヤリイカも人気だ。なお、橋を渡るにあたり環境保全協力金200円が必要

揚島＆大崎

雄大な磯場が広がる大崎。駐車スペースから釣り座近くが勾配のきつい磯を下りるので、体力に自信のない人には不向き。有料（550円）の橋を渡れば揚島でサオをだすことが可能。こちらも起伏が激しいので健脚向きのフィールド。ヒラマサ、マダイ、イシダイの名所。崎沖に浮かぶ大島は佐渡指折りの名礁。マダイの1級として人気が高い。達者漁港から渡船を利用

長手岬

七浦海岸の南端に位置する大きく突き出した岬で、一帯は海中公園になっている。遊歩道を使って磯全体を1周できるのでエントリーは簡単。足場が低いので波には弱いものの、すぐ沖から深くて起伏に富んでおり、さまざまな魚が釣れる。岬の南側にある小さな橘漁港から沖磯への渡船がある
●橘漁港
橘地区の沖磯渡船
宇留間／TEL090-1533-2264

遊歩道が整備されているものの全体に足場が低いので波に弱い

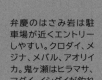
弁慶のはさみ岩は駐車場が近くエントリーしやすい。クロダイ、メジナ、メバル、アオリイカ。鬼ヶ瀬はヒラマサ、マダイ、イシダイが釣れる大もの場

灯台のある一里島は、ヒラマサとマダイが釣れる1級磯。高瀬の芳福丸と達者の岩百合荘が渡している

●達者漁港
小川〜尖閣湾の沖磯渡船
岩百合荘／TEL0259-75-2300

●高瀬漁港
高瀬〜鹿状地区の沖磯渡船
芳福丸／TEL090-8813-8325

春日崎

春日崎は切り立った瀬が連続するので釣り座が少ない。エントリー可能なのは2箇所の岬。ヒラマサやマダイが釣れる1級磯ではあるが、いずれも健脚の釣り人向き。荷物の多いウキフカセ釣りは、渡船を利用して沖磯へ。相川下戸の海岸は3本連続するブロック堤の先端からクロダイ、メバル、アオリイカがねらえる

山田屋釣具店
TEL 0259-52-6513

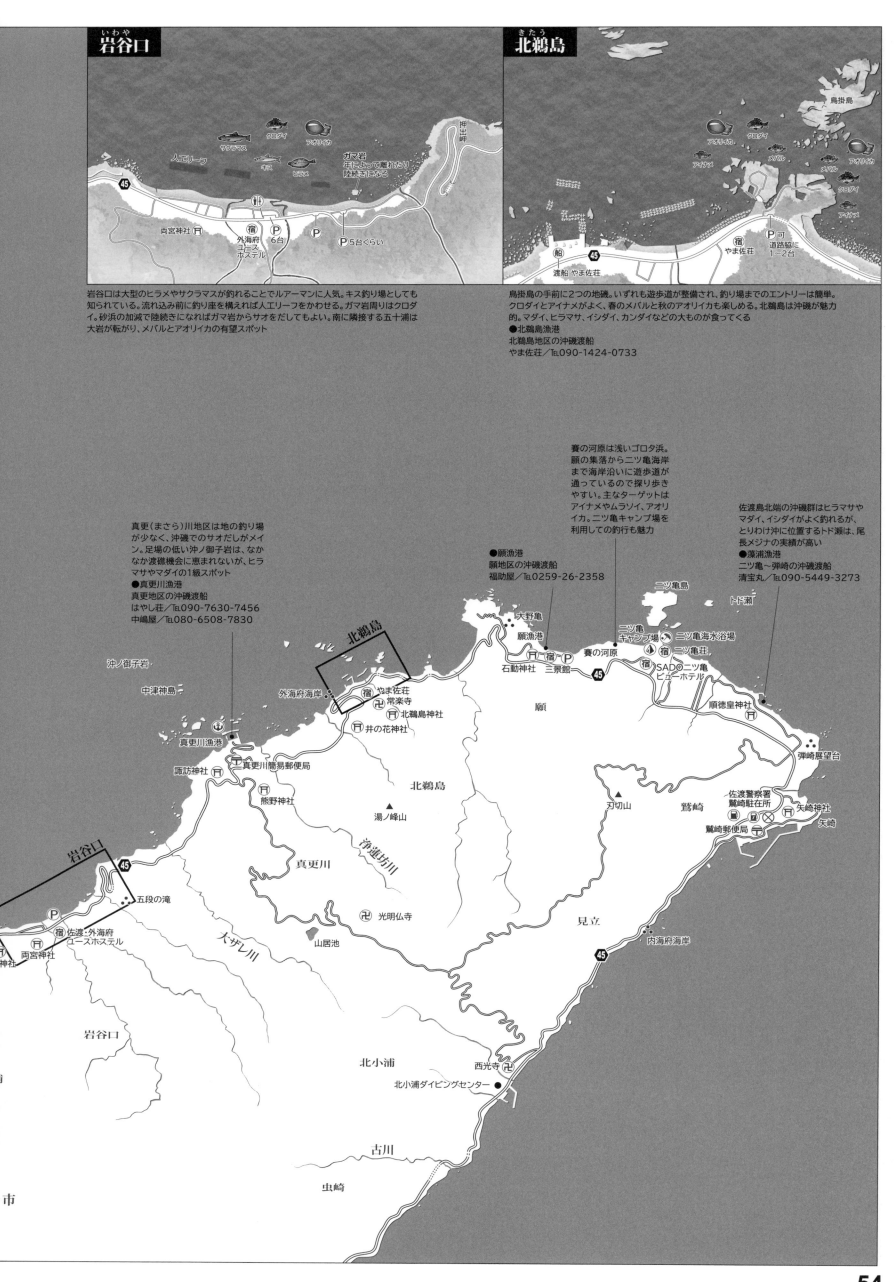

岩谷口 （いわや）

岩谷口は大型のヒラメやサクラマスが釣れることでルアーマンに人気。キス釣り場としても知られている。流れ込み前に釣り座を構えれば人エリーフをかわせる。ガマ岩周りはクロダイ。砂浜の加減で陸続きになればガマ岩からサオをだしてもよい。南に隣接する五十浦は大岩が転がり、メバルとアオリイカの有望スポット

北鵜島 （きたう）

鳥掛島の手前に2つの地磯。いずれも遊歩道が整備され、釣り場までのエントリーは簡単。クロダイとアイナメがよく、春のメバルと秋のアオリイカも楽しめる。北鵜島は沖磯が魅力的。マダイ、ヒラマサ、イシダイ、カンダイなどの大ものが食ってくる
●北鵜島漁港
北鵜島地区の沖磯渡船
やま佐荘／℡090-1424-0733

真更（まさら）川地区は地の釣り場が少なく、沖磯でのサオだしがメイン。足場の低い沖ノ御子岩は、なかなか渡礁機会に恵まれないが、ヒラマサやマダイの1級スポット
●真更川漁港
真更地区の沖磯渡船
はやし荘／℡090-7630-7456
中嶋屋／℡080-6508-7830

賽の河原は浅いゴロタ浜。願の集落から二ツ亀海岸まで海岸沿いに遊歩道が通っているので探り歩きやすい。主なターゲットはアイナメやムラソイ、アオリイカ。二ツ亀キャンプ場を利用しての釣行も魅力
●願漁港
願地区の沖磯渡船
福助屋／℡0259-26-2358

佐渡島北端の沖磯群はヒラマサやマダイ、イシダイがよく釣れるが、とりわけ沖に位置するトド瀬は、尾長メジナの実績が高い
●藻浦漁港
二ツ亀〜弾崎の沖磯渡船
清宝丸／℡090-5449-3273

外海府海岸北エリア

0m 500m 1000m

外海府海岸は日本海の波に削られた荒々しい磯が
連続する。潮通しは抜群で大型のヒラマサやマダイ
が釣れる憧れのエリアだが、日ごろから身体を鍛え
ていないとエントリーが困難な場所も少なくない。
渡船を利用するなど無理をせず安全な釣行を心が
けたい

関岬

ヒラマサとマダイの実績が高い関岬。オートキャンプ場から岬に下りられるがルートが険しいので健脚向き。釣り座の足場も悪いので
注意が必要。禅棚岩も関岬に並ぶ好スポット。漁港の堤防脇から入るか、トンネル横から先端に向かう。どちらのルートも健脚向け。
一帯の沖磯はどれも1級スポットなので、地磯の入釣に自信がない人は渡船の利用を推奨。関漁港の西側は離岸ブロック帯に守られ
た傾斜護岸。クロダイにメバル、アオリイカがよい。矢柄海岸は沖の三島に向かって水中で岬が伸びている。渚釣りでクロダイやメジ
ナが釣れる。流れ込みの前ではヒラメにアオリイカ、メバルなど
●関漁港
大倉、矢柄、関地区の沖磯渡船
相馬／℡090-1433-8126

千本鼻周辺には沖磯が点在している。
帆掛島よりさらに沖に浮かぶ沖の神
子島はマダイ釣り場として有名。高千
漁港より渡船を利用
●高千漁港
入川～小野見地区の沖磯渡船
新宅丸／℡0259-78-2121

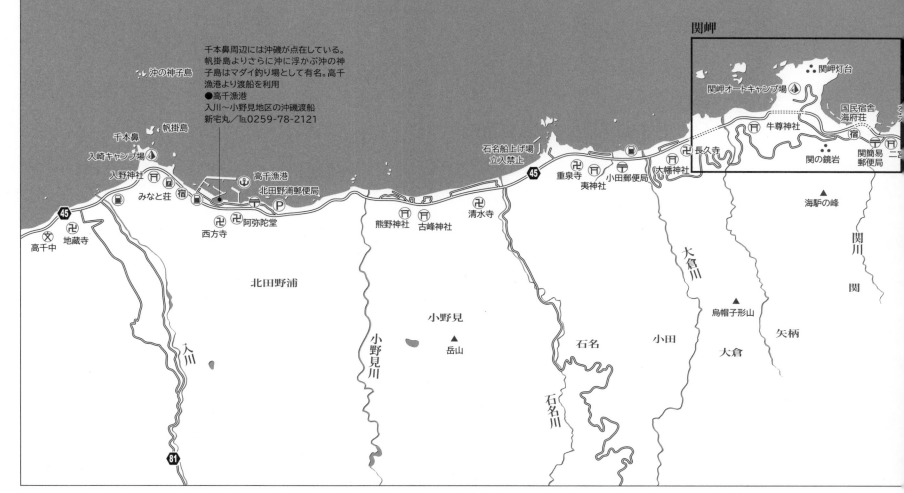

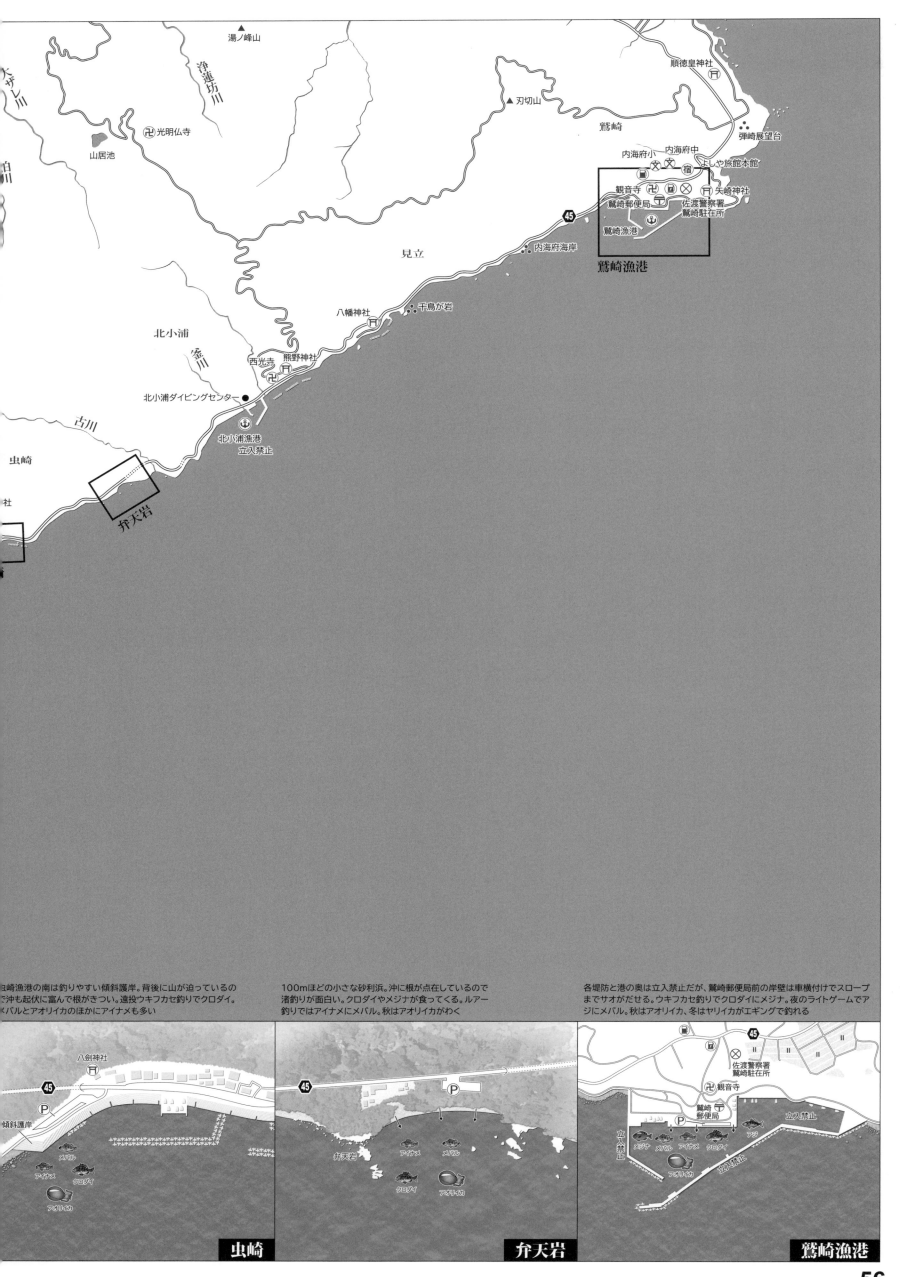

湯ノ峰山

浄蓮坊川

光明仏寺

山居池

刃切山

鷲崎

順徳皇神社

弾崎展望台

内海府小　内海府中

よしや旅館本館

観音寺　矢崎神社

鷲崎郵便局

佐渡警察署
鷲崎駐在所

45

鷲崎漁港

鷲崎漁港

見立

内海府海岸

千鳥が岩

北小浦

八幡神社

西光寺　熊野神社

北小浦ダイビングセンター

古川

虫崎

北小浦漁港
立入禁止

弁天岩

…崎漁港の南は釣りやすい傾斜護岸。背後に山が迫っているの…沖も起伏に富んで根がきつい。遠投ウキフカセ釣りでクロダイ。…バルとアオリイカのほかにアイナメも多い

100mほどの小さな砂利浜。沖に根が点在しているので渚釣りが面白い。クロダイやメジナが食ってくる。ルアー釣りではアイナメにメバル。秋はアオリイカがわく

各堤防と港の奥は立入禁止だが、鷲崎郵便局前の岸壁は車横付けでスロープまでサオがだせる。ウキフカセ釣りでクロダイにメジナ。夜のライトゲームでアジにメバル。秋はアオリイカ、冬はヤリイカがエギングで釣れる

八剣神社

45

P

傾斜護岸

メバル

アイナメ　クロダイ

アオリイカ

虫崎

45

P

弁天岩　アイナメ　メバル

クロダイ　アオリイカ

弁天岩

45

佐渡警察署
鷲崎駐在所

観音寺

鷲崎郵便局

P

立入禁止

メジナ　メバル　アイナメ　クロダイ　アジ

アオリイカ

立入禁止

立入禁止

鷲崎漁港

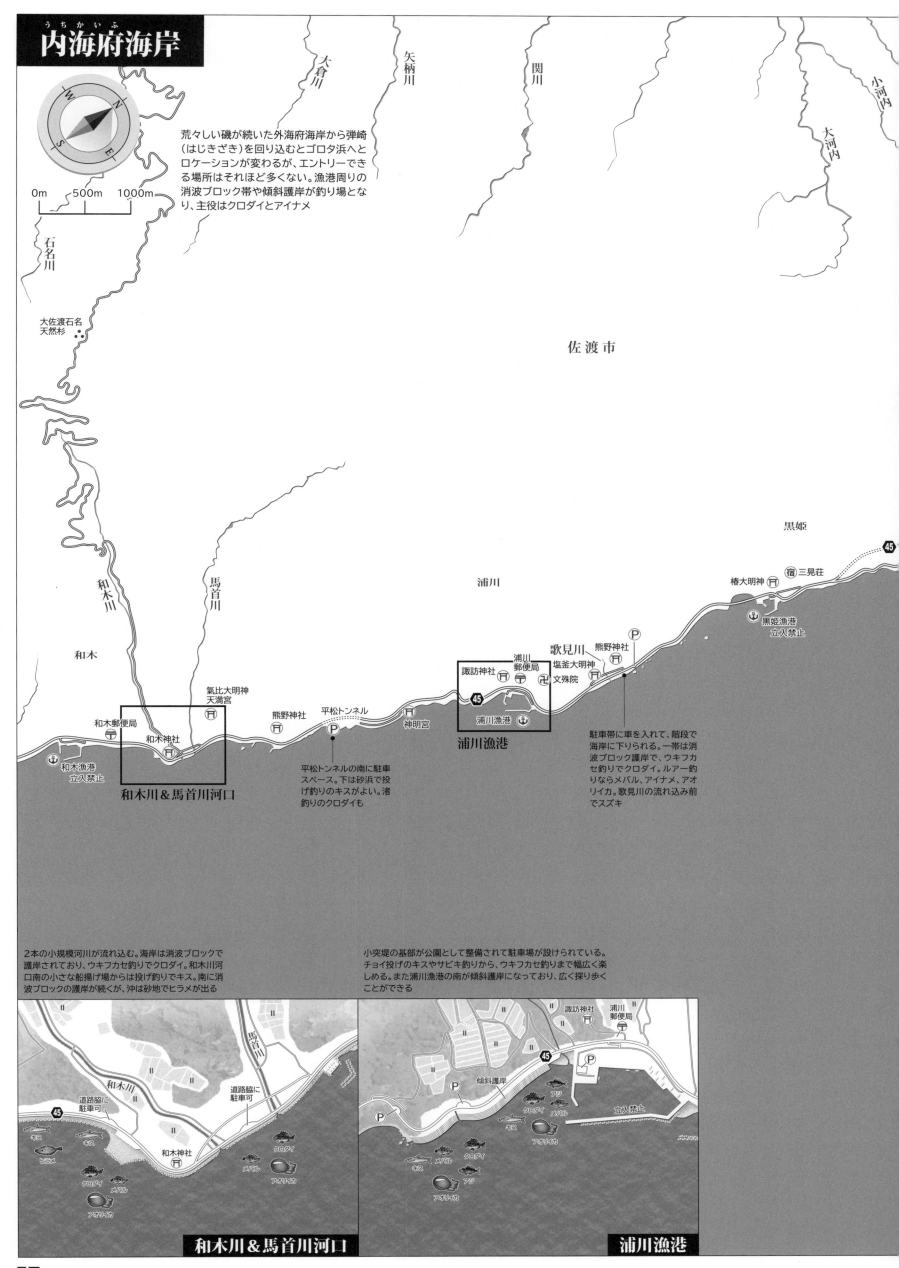

内海府海岸

うちかいふ

荒々しい磯が続いた外海府海岸から弾崎（はじきざき）を回り込むとゴロタ浜へとロケーションが変わるが、エントリーできる場所はそれほど多くない。漁港周りの消波ブロック帯や傾斜護岸が釣り場となり、主役はクロダイとアイナメ

0m　500m　1000m

大倉川

矢柄川

関川

小河内

大河内

石名川

佐渡市

大佐渡石名
天然杉

黒姫

和木川

馬首川

浦川

椿大明神

宿 三晃荘

45

和木

熊野神社

黒姫漁港
立入禁止

和木郵便局

氣比大明神
天満宮

和木神社

諏訪神社

浦川
郵便局

歌見川

塩釜大明神

熊野神社

P

文殊院

和木漁港
立入禁止

45

平松トンネル

神明宮

浦川漁港

P

和木川＆馬首川河口

平松トンネルの南に駐車スペース。下は砂浜で投げ釣りのキスがよい。渚釣りのクロダイも

浦川漁港

駐車帯に車を入れて、階段で海岸に下りられる。一帯は消波ブロック護岸で、ウキフカセ釣りでクロダイ。ルアー釣りならメバル、アイナメ、アオリイカ。歌見川の流れ込み前でスズキ

2本の小規模河川が流れ込む。海岸は消波ブロックで護岸されており、ウキフカセ釣りでクロダイ。和木川河口南の小さな船揚げ場からは投げ釣りでキス。南に消波ブロックの護岸が続くが、沖は砂地でヒラメが出る

小突堤の基部が公園として整備されて駐車場が設けられている。チョイ投げのキスやサビキ釣りから、ウキフカセ釣りまで幅広く楽しめる。また浦川漁港の南が傾斜護岸になっており、広く探り歩くことができる

和木川

道路脇に駐車可

45

道路脇に駐車可

和木神社

キス

キス

ヒラメ

クロダイ

クロダイ

メバル

メバル

アオリイカ

アオリイカ

和木川＆馬首川河口

諏訪神社

浦川
郵便局

45

P

P

傾斜護岸

P

立入禁止

アジ

クロダイ

メバル

キス

アオリイカ

キス

メバル

クロダイ

アジ

アオリイカ

浦川漁港

瀬海岸

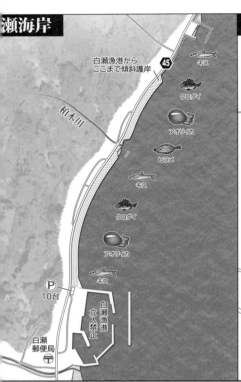

漁港の北に800mほどの釣りやすい傾斜護岸が広がる。 地なので投げ釣りのキスがよい。柏木川の流れ込みで メ。渚釣りでクロダイも出る

平沢海水浴場

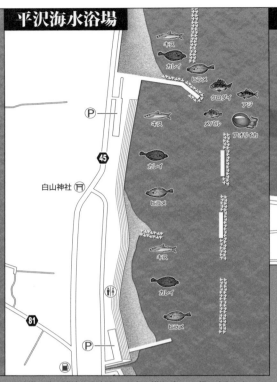

両津港の北に隣接する砂浜は、3本の離岸ブロック堤で守られた全天候型フィールド。投げ釣りでキスとカレイが釣れる。ルアーのヒラメも実績充分。北端から伸びる小突堤からはクロダイやメバル、アジねらい

住吉ヘッドランド

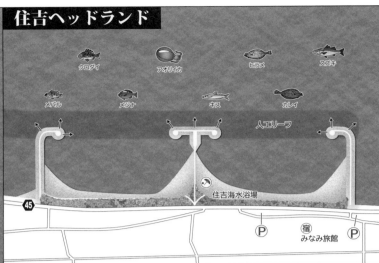

両津港から東にすぐの住吉ヘッドランドは、一年を通してさまざまな魚が釣れる。人エリーフが浜を覆っているので、サオをだすのはヘッドランドの沖向き。ブロックながら足場は良好だ。ウキフカセ釣りでクロダイのほかにメジナが釣れる

離岸ブロック帯に覆われた河崎地区の海岸で、久知川の流れ込みはブロック帯の間隔が広く開いており、チョイ投げでキスが数釣れる。ヒラメやマゴチも寄っている。河口右岸ではウキフカセ釣りで消波ブロック帯の際を流してクロダイ。200mほど東に河崎川が流れ込んでおり、こちらも河口でキスとヒラメが釣れる

久知川河口 (くち)

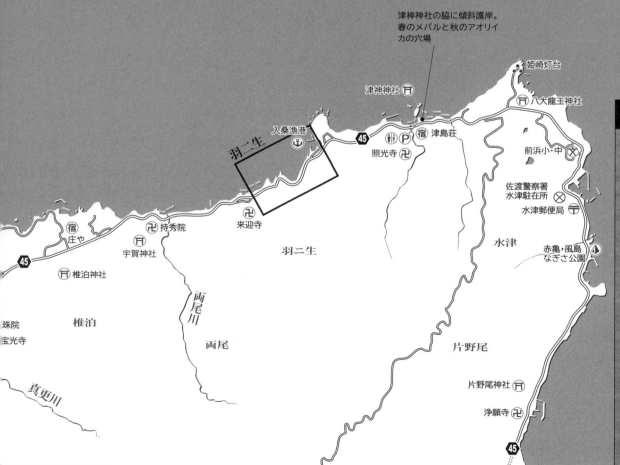

津神社神社の脇に傾斜護岸。春のメバルと秋のアオリイカの穴場

無理なくエントリーできる地磯。沖に向かって筋状に根が張り出して一帯は起伏に富み、クロダイやメジナが付いている。ノベザオのウキフカセ釣りが楽しい。張り出した岩の間に投入されている消波ブロック帯のすぐ前から深くなっているので、秋はエギングでアオリイカがよい。入桑漁港の南側の地磯も同様の釣果が見込める

羽二生 (はにう)

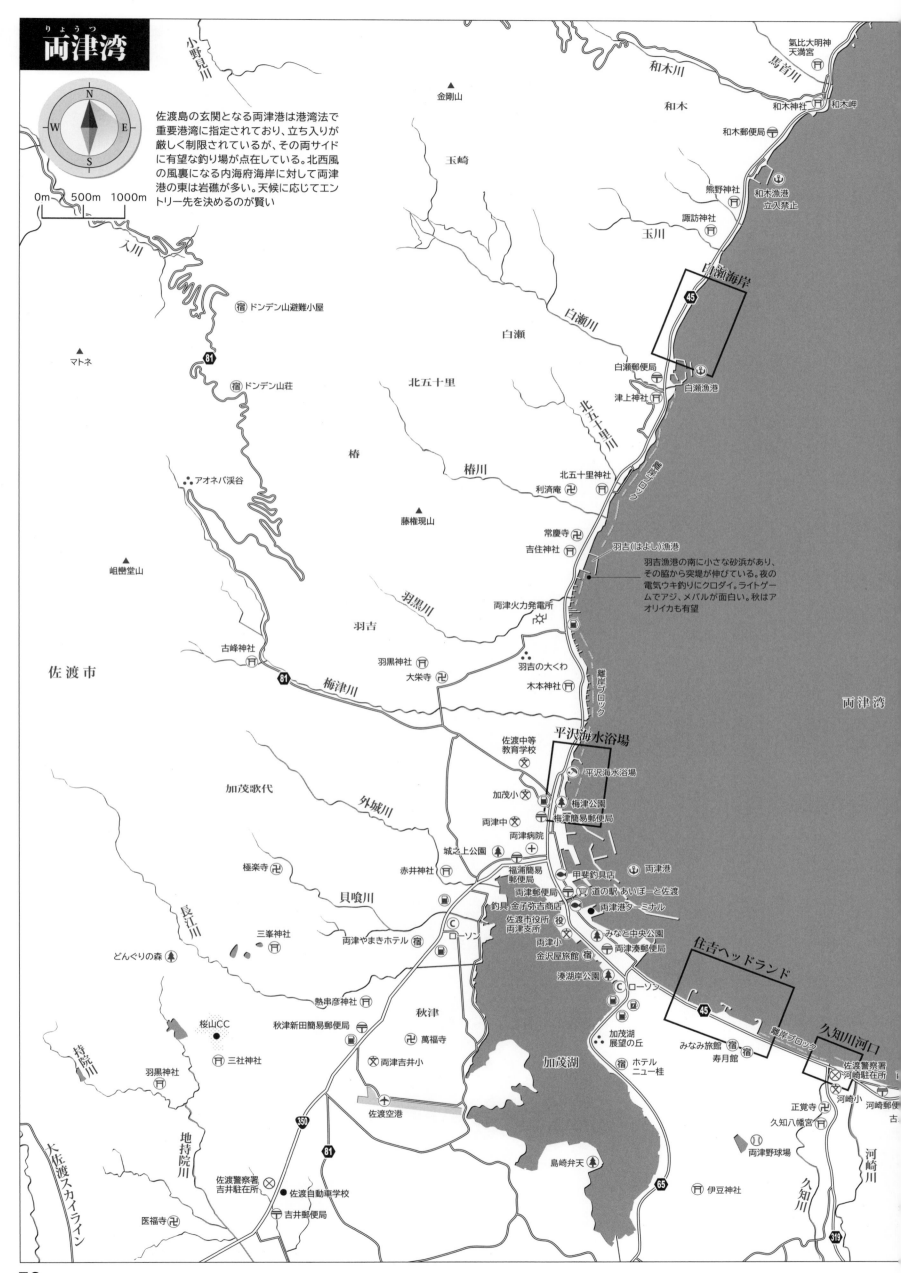

佐渡島の玄関となる両津港は港湾法で
重要港湾に指定されており、立ち入りが
厳しく制限されているが、その両サイド
に有望な釣り場が点在している。北西風
の風裏になる内海府海岸に対して両津
港の東は岩礁が多い。天候に応じてエン
トリー先を決めるのが賢い

0m　500m　1000m

小野見川

入川

金剛山

和木川

和木

氣比大明神
天満宮

馬首川

和木神社　和木岬

和木郵便局

熊野神社　和木漁港
立入禁止

諏訪神社

玉崎

玉川

ドンデン山避難小屋

マトネ

ドンデン山荘

白瀬川

白瀬

北五十里

白瀬海岸

45

白瀬郵便局
津上神社

白瀬漁港

アオネバ渓谷

椿

北五十里川

北五十里神社
利済庵

藤権現山

常慶寺
吉住神社

羽吉(はよし)漁港

岨巒堂山

羽黒川

羽吉

両津火力発電所

羽吉漁港の南に小さな砂浜があり、
その脇から突堤が伸びている。夜の
電気ウキ釣りにクロダイ。ライトゲー
ムでアジ、メバルが面白い。秋はア
オリイカも有望

古峰神社

佐渡市

81　梅津川

羽黒神社
大栄寺

羽黒の大くわ
木本神社

両津湾

離岸ブロック

加茂歌代

外城川

佐渡中等
教育学校

平沢海水浴場

平沢海水浴場

加茂小

梅津公園
梅津簡易郵便局

極楽寺

両津中

貝喰川

赤井神社

城之上公園

両津病院

福浦簡易
郵便局

甲斐釣具店

両津港

三峯神社

両津やまきホテル

ローソン

釣具 金子弥吉商店
佐渡市役所
両津支所

道の駅あいぽーと佐渡
両津港ターミナル

長江川

どんぐりの森

熱串彦神社

両津郵便局

みなと中央公園

両津小
金沢屋旅館

両津湊郵便局

住吉ヘッドランド

湊湖岸公園

ローソン

45

桜山CC

秋津

萬福寺

加茂湖
展望の丘

みなみ旅館
寿月館

離岸ブロック

久知川河口

秋津新田簡易郵便局

三社神社

両津吉井小

ホテル
ニュー桂

佐渡警察署
河崎駐在所

持院川

羽黒神社

加茂湖

正覚寺

河崎小
河崎郵便局

地持院川

佐渡空港

島崎弁天

久知八幡宮

両津野球場

大佐渡スカイライン

350

81

佐渡警察署
吉井駐在所

佐渡自動車学校

65

伊豆神社

久知川

河崎川

医福寺

吉井郵便局

319

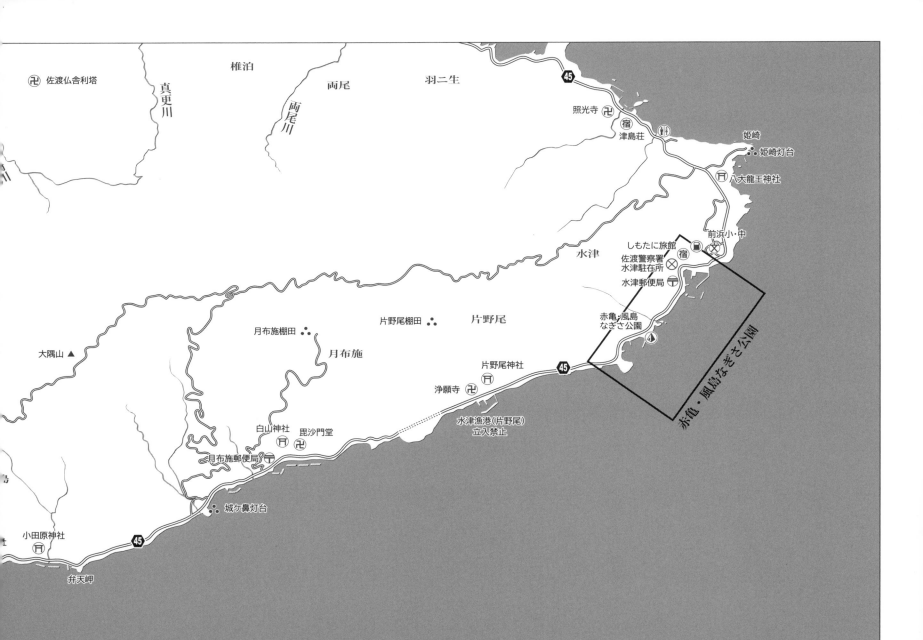

佐渡仏舎利塔 卍

椎泊

真更川

両尾

両尾川

羽二生

45

照光寺

宿
津島荘

姫崎

姫崎灯台

八大龍王神社 卍

水津

しもたに旅館

前浜小・中

佐渡警察署
水津駐在所 ⊗

宿

水津郵便局 〒

赤亀・風島
なぎさ公園

片野尾棚田

片野尾

月布施棚田

月布施

大隅山 ▲

片野尾神社 卍

45

浄願寺 卍

白山神社 卍 毘沙門堂 卍

月布施郵便局 〒

水津漁港(片野尾)
立入禁止

城ヶ鼻灯台

小田原神社 卍

45

弁天岬

● 姫崎〜松ヶ崎

両津港から姫崎を回り込んで海岸を南下すると海岸線は
滑らかになり、岸沿いに消波ブロックが投入されたエリア
が続く。海岸沿いに通っている佐渡一周線も平坦で走りや
すくなる。所々に砂が堆積してキス釣り場を形成してい
るが、基本的に沖は岩礁。また、すぐ沖から深く落ち込ん
でいる場所が多く、クロダイやアイナメ、カレイなどの大型
が顔を出す可能性を秘めている

水津(すいづ)漁港は赤灯台堤が立入禁止だが、港内での釣りは可能。中央の埠頭と海に向かって右手の岸壁から港内の水
道を探る。日中はウキフカセ釣りでクロダイにメジナ。夜はライトタックルでアジにメバル。赤亀・風島なぎさ公園は、砂浜とゴ
ロタ浜。沖は岩礁帯なので投げ釣りには不向き。秋のエギングが人気。左岸のブロック堤からはクロダイやメジナがねらえる。
堤防から沖向きに投げれば良型キスが顔を出す

赤亀・風島なぎさ公園

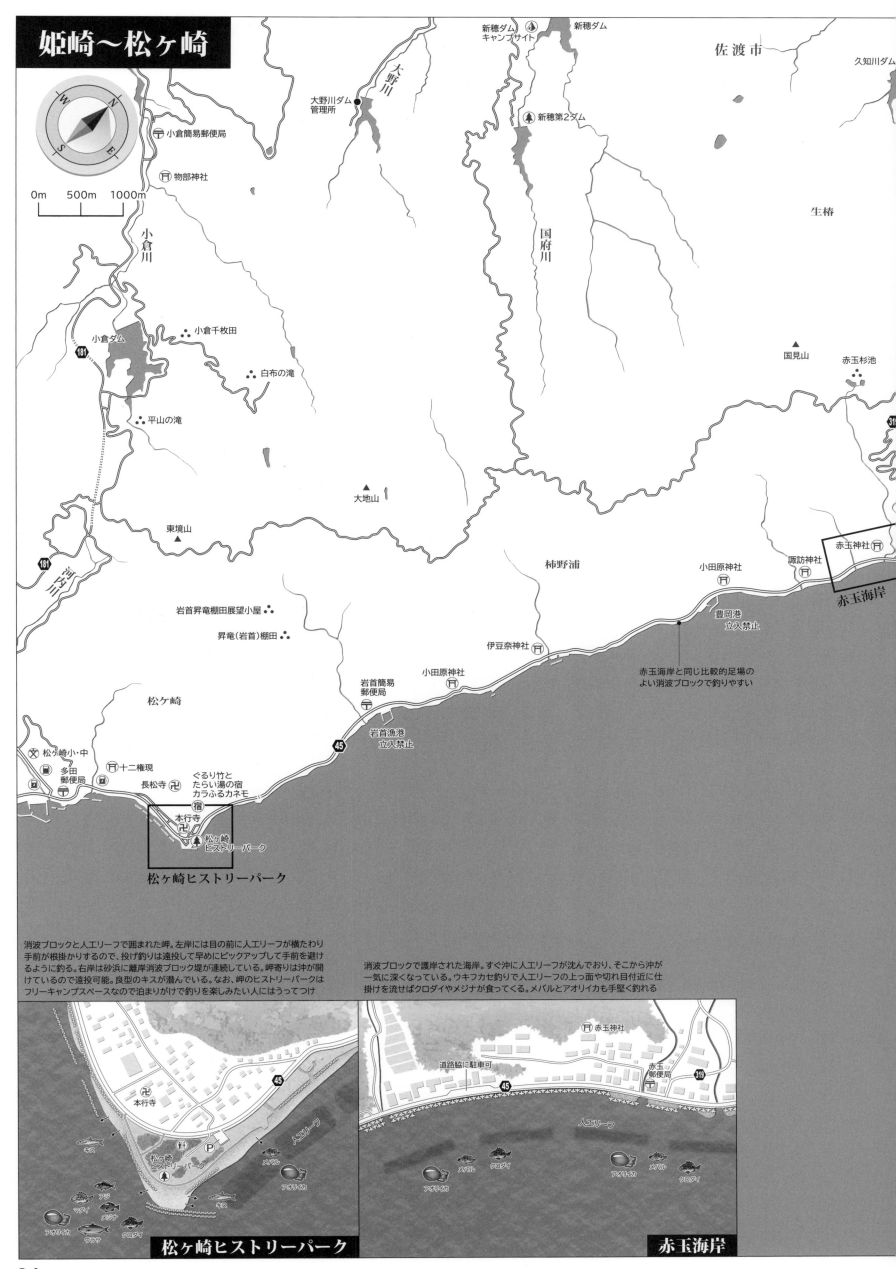

姫崎〜松ヶ崎

佐渡市

消波ブロックと人工リーフで囲まれた岬。左岸には目の前に人工リーフが横たわり手前が根掛かりするので、投げ釣りは遠投して早めにピックアップして手前を避けるように釣る。右岸は砂浜に離岸消波ブロック堤が連続している。岬寄りは沖が開けているので遠投可能。良型のキスが潜んでいる。なお、岬のヒストリーパークはフリーキャンプスペースなので泊まりがけで釣りを楽しみたい人にはうってつけ

消波ブロックで護岸された海岸。すぐ沖に人工リーフが沈んでおり、そこから沖が一気に深くなっている。ウキフカセ釣りで人工リーフの上っ面や切れ目付近に仕掛けを流せばクロダイやメジナが食ってくる。メバルとアオリイカも手堅く釣れる

松ヶ崎ヒストリーパーク

赤玉海岸

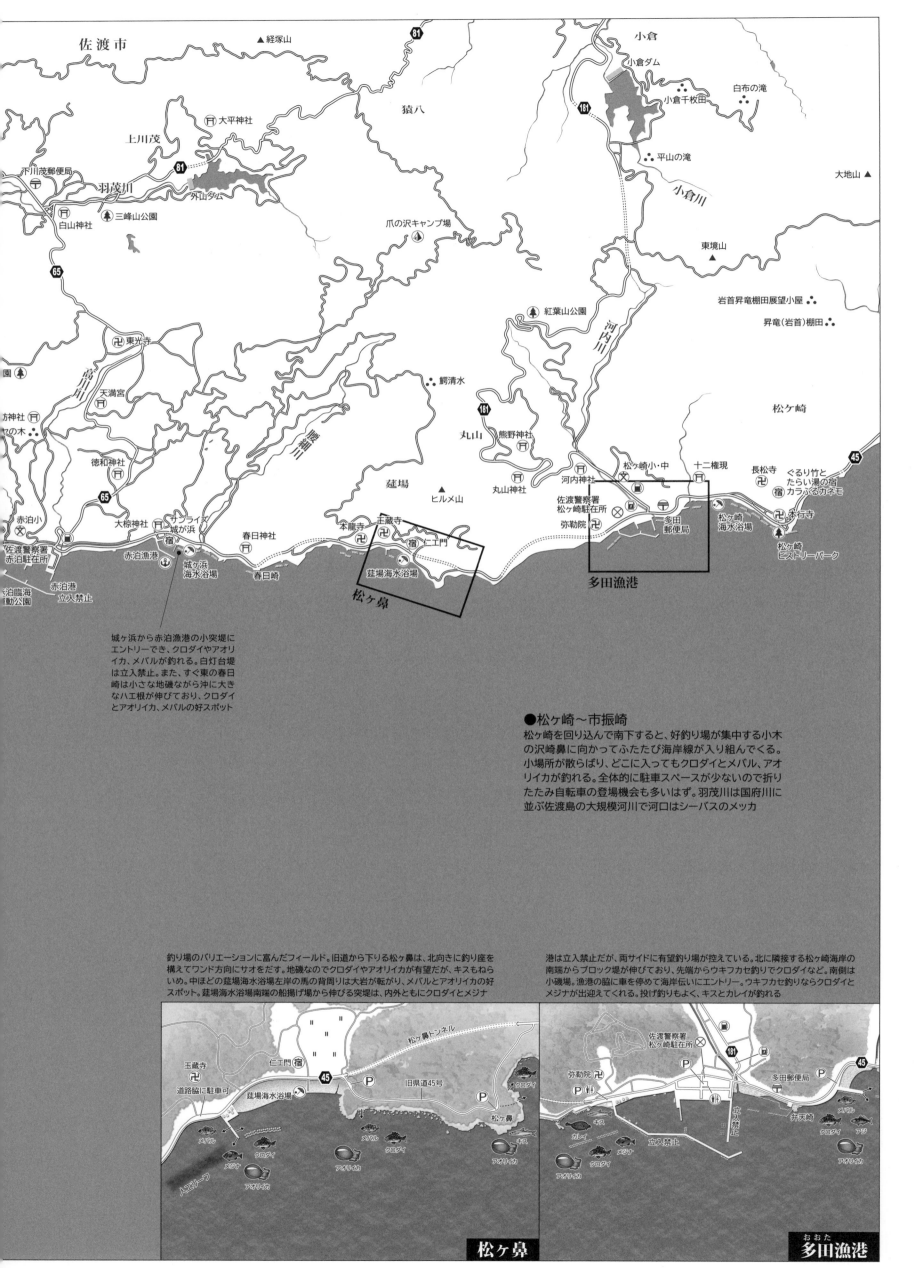

佐渡市

小倉

▲経塚山

81

小倉ダム

白布の滝

181

小倉千枚田

猿八

上川茂

大平神社

平山の滝

大地山 ▲

下川茂郵便局

小倉川

羽茂川

外山ダム

東境山 ▲

爪の沢キャンプ場

白山神社

三峰山公園

岩首昇竜棚田展望小屋

65

昇竜(岩首)棚田

東光寺

紅葉山公園

松ケ崎

高山川

天満宮

河内川

鰐清水

45

方神社

の木

徳和神社

丸山

熊野神社

松ケ崎小・中

長松寺

ぐるり竹と
たらい湯の宿
カラぶるカネモ

65

大椋神社

181

河内神社

佐渡警察署
松ケ崎駐在所

本行寺

赤泊小

丸山神社

本龍寺

玉蔵寺

弥勒院

多田
郵便局

松ケ崎
海水浴場

佐渡警察署
赤泊駐在所

サンライズ
城が浜

ヒルメ山

仁エ門

松ケ崎
ヒストリーパーク

赤泊漁港

城ケ浜
海水浴場

春日神社

萱場

萱場海水浴場

多田漁港

赤泊港
立入禁止

春日崎

松ケ鼻

泊臨海
動公園

城ヶ浜から赤泊漁港の小突堤に
エントリーでき、クロダイやアオリ
イカ、メバルが釣れる。白灯台堤
は立入禁止。また、すぐ東の春日
崎は小さな地磯ながら沖に大き
なハエ根が伸びており、クロダイ
とアオリイカ、メバルの好スポット

●松ケ崎〜市振崎
松ケ崎を回り込んで南下すると、好釣り場が集中する小木
の沢崎鼻に向かってふたたび海岸線が入り組んでくる。
小場所が散らばり、どこに入ってもクロダイとメバル、アオ
リイカが釣れる。全体的に駐車スペースが少ないので折り
たたみ自転車の登場機会も多いはず。羽茂川は国府川に
並ぶ佐渡島の大規模河川で河口はシーバスのメッカ

釣り場のバリエーションに富んだフィールド。旧道から下りる松ヶ鼻は、北向きに釣り座を
構えてワンド方向にサオをだす。地磯なのでクロダイやアオリイカが有望だが、キスもねら
いめ。中ほどの萱場海水浴場左岸の馬の背周りは大岩が転がり、メバルとアオリイカの好
スポット。萱場海水浴場南端の船揚げ場から伸びる突堤は、内外ともにクロダイとメジナ

港は立入禁止だが、両サイドに有望釣り場が控えている。北に隣接する松ケ崎海岸の
南端からブロックが伸びており、先端からウキフカセ釣りでクロダイなど。南側は
小磯場。漁港の脇に車を停めて海岸伝いにエントリー。ウキフカセ釣りならクロダイと
メジナが出迎えてくれる。投げ釣りもよく、キスとカレイが釣れる

松ヶ鼻トンネル

玉蔵寺

仁エ門

宿

道路脇に駐車可

45

萱場海水浴場

旧県道45号

P

P

クロダイ

松ケ鼻

メバル

クロダイ

メバル

クロダイ

キス

メジナ

アオリイカ

アオリリーフ

アオリイカ

佐渡警察署
松ケ崎駐在所

181

弥勒院

多田郵便局

45

P

P

立入禁止

カレイ

キス

メバル

弁天崎

クロダイ

アオリイカ

メジナ

立入禁止

クロダイ

アジ

アオリイカ

アオリイカ

松ヶ鼻

（おおた）
多田漁港

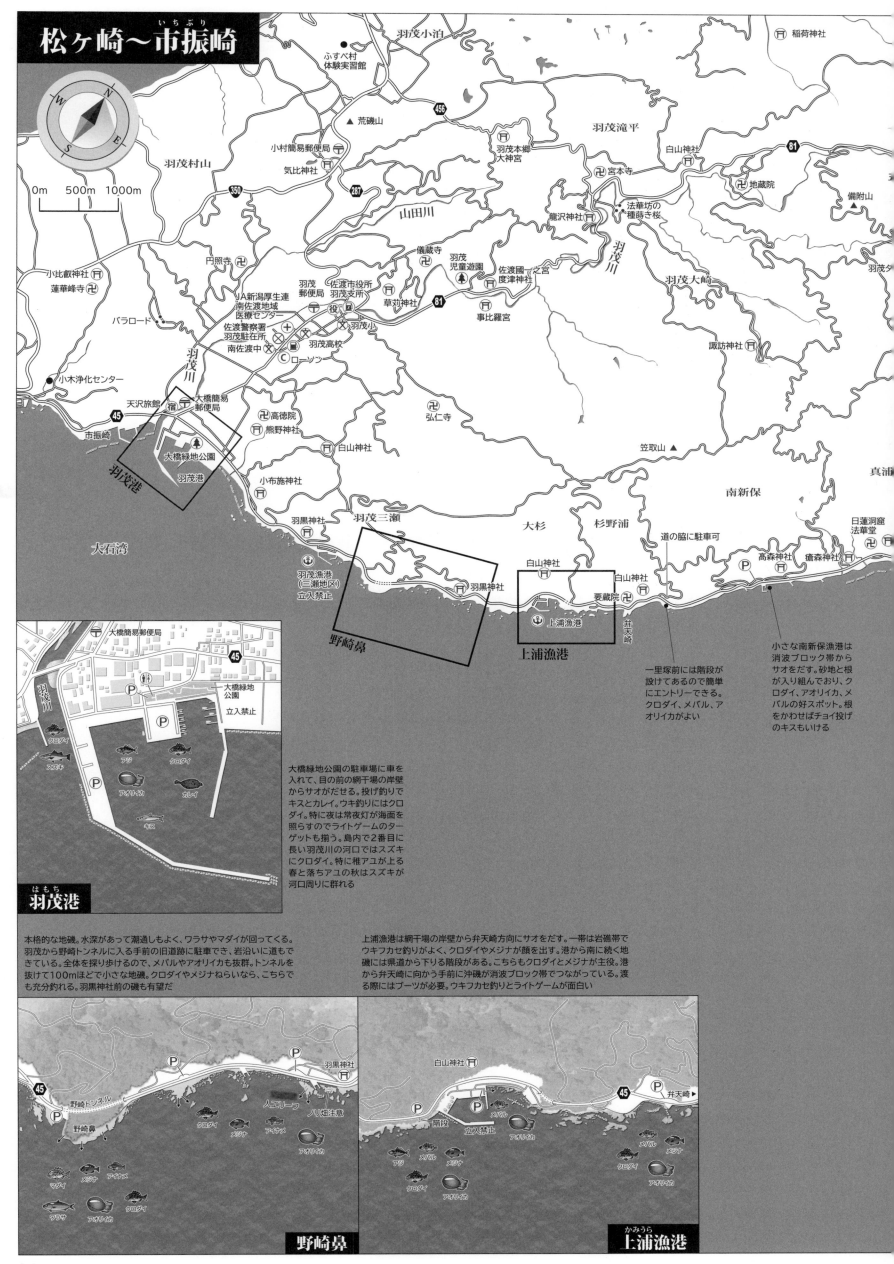

羽茂港（はもち）

大橋緑地公園の駐車場に車を入れて、目の前の網干場の岸壁からサオがだせる。投げ釣りでキスとカレイ。ウキ釣りにはクロダイ。特に夜は常夜灯が海面を照らすのでライトゲームのターゲットも揃う。島内で2番目に長い羽茂川の河口ではスズキにクロダイ。特に稚アユが上る春と落ちアユの秋はスズキが河口周りに群れる

一里塚前には階段が設けてあるので簡単にエントリーできる。クロダイ、メバル、アオリイカがよい

小さな南新保漁港は消波ブロック帯からサオをだす。砂地と根が入り組んでおり、クロダイ、アオリイカ、メバルの好スポット。根をかわせばチョイ投げのキスもいける

道の脇に駐車可

野崎鼻

本格的な地磯。水深があって潮通しもよく、ワラサやマダイが回ってくる。羽茂から野崎トンネルに入る手前の旧道跡に駐車でき、岩沿いに道もできている。全体を探り歩けるので、メバルやアオリイカも抜群。トンネルを抜けて100mほどで小さな地磯。クロダイやメジナねらいなら、こちらでも充分釣れる。羽黒神社前の磯も有望だ

上浦漁港（かみうら）

上浦漁港は網干場の岸壁から弁天崎方向にサオをだす。一帯は岩礁帯でウキフカセ釣りがよく、クロダイやメジナが顔を出す。港から南に続く地磯には県道から下りる階段がある。こちらもクロダイとメジナが主役。港から弁天崎に向かう手前に沖磯が消波ブロック帯でつながっている。渡る際にはブーツが必要。ウキフカセ釣りとライトゲームが面白い

『海釣りドライブマップ』シリーズについてのお断り

各刊の情報は、さまざまな事情により、作成時のデータと現状が異なっている場合があります（釣り場や周辺の状況、駐車場やスペース、釣具店情報等）。本書の内容につきましては、必要に応じて重版などの際に情報を更新するように心がけておりますが、現場での釣りの可否を含め、あらかじめ本書に記載された情報のすべてを保証するものではありません。また、万が一、目的の場所が釣り禁止等になっていた場合には、必ず現場の情報・指示に従ってください。

令和版 北陸海釣りドライブマップ② 新潟〜佐渡〜粟島

2021 年 8 月 1 日 初版発行

編 者 つり人社書籍編集部
発行者 山根和明
発行所 株式会社つり人社

〒 101-8408 東京都千代田区神田神保町 1 -30-13
TEL 03-3294-0781（営業部）
TEL 03-3294-0766（編集部）

印刷・製本 図書印刷株式会社